选股大法

从入门到精通【实战详解】

私募基金职业操盘手 **康成福** 著

立信会计出版社
LIXIN ACCOUNTING PUBLISHING HOUSE

图书在版编目（CIP）数据

选股大法/康成福著.--上海：立信会计出版社，
2015.8（2021.3重印）

（擒住大牛/荣千主编）

ISBN 978-7-5429-4672-0

Ⅰ.①选… Ⅱ.①康… Ⅲ.①股票投资—基本知识

Ⅳ.①F830.91

中国版本图书馆CIP数据核字(2015)第115054号

策划编辑　蔡伟莉
责任编辑　赵新民
封面设计　久品轩

选股大法

出版发行　　**立信会计出版社**

地　　址　上海市中山西路2230号　　　　邮政编码　200235

电　　话　（021）64411389　　　　　　传　　真　（021）64411325

网　　址　www.lixinaph.com　　　　　　电子邮箱　lxaph@sh163.net

网上书店　www.shlx.net　　　　　　　　电　　话　（021）64411071

经　　销　各地新华书店

印　　刷　北京柯蓝博泰印务有限公司

开　　本　787毫米×1092毫米　　　　1/16

印　　张　12　　　　　　　　　　　　插　　页　1

字　　数　189千字

版　　次　2015年8月第1版

印　　次　2021年3月第3次

书　　号　ISBN 978-7-5429-4672-0/F

定　　价　39.00元

如有印订差错，请与本社联系调换

前言

选股，是投资者买卖股票的第一步，也是最重要的一步。选对了股票，投资者才有获利的机会。如果选错投资对象，那么再高明的投资者，也只能感叹"无力回天"。对于投资者而言，如果没有一种自己信任而且习惯的选股方法，那么，即使选出了黑马股，也会因为缺乏自信心而过早斩仓出局，只能看着"煮熟的鸭子"飞走了。一种好的选股方法，不仅能够告诉投资者应该买进什么股票，还能告诉投资者在何时以及何种价位买进股票。如果还能够提示投资者在什么情况下卖出股票，那就更是求之不得的事情。

到底要以怎样的思路来选股呢？股民选股的思路现状又是怎样的呢？记得几年前炒股票的时候，大家看走势图只有一样，那就是综合指数走势图。几乎所有投资者的买卖决策，当时都是建立在对综合指数走势的判断上。虽然我们买卖的并不是指数本身，但当时这种看指数炒股票的方法却是十分有效。股市发展到今天，上市公司由原来的几家发展到几百家，市值也从几十亿元发展到几千亿元，市场个股分化现象越来越严重和明显。现在，如果仍然像以前那样只看指数来炒股票，就常常会落到"赚了指数赔了钱"的地步。事实上，当上市公司越来越多的时候，投资者的注意力越来越分散，很少有某只股票得到大众一致的关注。投资资金的分散导致个股齐涨齐跌的局面不再出现，而少数有题材有庄家的股票则由于投资资金相对集中而出现大的振荡，从而为炒作者带来许多机会。

因此可以说，股市进入了个股炒作的时代，在这一阶段，投资者必须认真分析个股走势的情况，全面了解上市公司的背景，再结合对大势的综合研判，才可能获得较大的收益。事实上，在这几年深沪股市的实际走势中，我们已经清晰地看到这一特征，常常在一批股票成倍上涨的同时，另一些股票却原地不动甚至反而下跌，这种现象强烈地要求投资者迅速放弃看指数炒作的习惯，转而认真分析个股，精选黑马。

本书就是要帮助投资者建立起切实有效的选股理念，并为投资者详细介绍很多种简单实用的选股方法。书中所讲解的选股方法，明白地告诉了投资者，应该在什么时候买卖什么样的股票。本书中介绍的选股方法均来自于深沪股市的炒作实践，具有极强的实用性和可靠性。相信读者读完此书后，选股的能力会大为提高，抓住黑马股的机会也会越来越大。

授人以鱼不如授人以渔，这是我们写这本书的初衷。

康成福

目录
contents

选股入门

基本面选股法

大盘走势选股法

技术形态选股法

主力资金选股法

黑马选股盈利口诀欣赏

选股入门

一、选股有原则

　　股票投资是一种集远见卓识、渊博的专业知识、智慧和实战经验于一体的风险投资。选择股票尤为重要，投资者必须仔细分析，独立研判。

　　投资者在选股时要遵循一定的原则。

1. 利益原则

　　利益原则是选择股票的首要原则，投资股票就是为了获得某只股票为自己投入的资金带来长期回报或者短期价差收益。投资者必须从这一目标出发，克服个人的地域观念或性格偏好，进行投资品种的选择。无论这只股票属于什么板块，什么行业，凡是能够带来丰厚收益的股票就是最佳的投资品种。

2. 现实原则

　　股票市场变幻莫测。上市公司的情况每年都在发生各种变化，热门股和冷门股的概念也可以因为各种情况出现转换。因此，选择股票主要看投资品种的现实表现，上市公司过去的历史、经营业绩和市场表现只能作为投资参考，而不能作为选择的标准。投资者没有必要抱定一种观念，完全选择自己过去喜爱的投资品种。

3. 短期收益和长期收益兼顾的原则

　　从取得收益的方式来看，股票上的投资收益有两种：第一种主要是从价格变动中为投资者带来的短期价差收益；第二种是从上市公司和股票市场发展带来的长期投资收益。完全进行短期投机谋取价差收益，有可能错过一些具有长期投资价值的品种；相反，如果全部从长期收益角度进行投资，则有可能错过市场上非常有利的投资机会。因此，投资者选股的时候，应该兼顾这两种投资方式，以便最大程度地增加自己的投资利润。

4. 相对安全原则

　　股票市场中所有的股票都具有一定的风险，要想寻求绝对安全的股票是不现实的。但是，投资者还是可以通过精心选择，来回避那些风险太大的投资品种。对广大中小投资者来说，在没有确切消息的情况下，一般不要参与问题股的炒作，应该选择相对安全的股票作为投资对象，避开有严重问题的上市公司。比如：

（1）有严重诉讼事件纠纷、公司财产被法院查封的上市公司。

（2）连续几年出现严重亏损、债务缠身、资不抵债、即将破产的上市公司。

（3）弄虚作假、编造虚假业绩骗取上市资格、配股、增发的上市公司。

（4）编造虚假中报和年报误导投资者的上市公司。

（5）有严重违规行为、被管理层通报批评的上市公司。

（6）被中国证监会列入摘牌行列的特别处理公司。

上述公司和一般被特别处理（ST）的上市公司不同，它们不完全是经济效益差，往往有严重的经营和管理方面的问题，投资这些股票有可能受牵连而蒙受经济上的重大损失。

参与炒作这些股票的投资者，在这些上市公司通过资产重组获得生机之后有可能获得较好的收益。但是，如果这些上市公司在这方面的尝试失败，最终就会被中国证监会摘牌，停止交易，投资者所投入的资金也面临着血本无归的危险。总体上看，这些股票的风险太大，广大中小投资者对此要有清醒的认识。

二、选股要选明星股

投身风云变幻的股市遇到的首要问题，就是如何选择股票。选中一只好的股票，并在合适的时机买入，无疑将令你获得丰厚的利润。

那么，什么样的股票才是好股票？什么样的股票才能带来丰厚的利润呢？现在的明星股和具有明星股潜力的黑马股、成长股等都是你的首要选择。

美国著名投资大师巴菲特将其选股策略概括为"寻找超级明星股"。"我们始终在寻找那些业务清晰易懂、业绩持续优异、由能力非凡并且为股东着想的管理层来经营的大公司。这种目标公司并不能充分保证我们投资盈利（我们不仅要在合理的价格上买入，而且我们买入的公司的未来业绩还要与我们的估计相符），但是这种投资方法——寻找超级明星股——给我们提供了走向真正成功的唯一机会。"

具体而言，巴菲特认为符合10个选股准则的股票才是他心目中十全十美的超级明星股。

1. 超级长期稳定业务

"经验表明，盈利能力最好的企业，经常是那些现在的经营方式与5年前甚至10年前相比几乎完全相同的企业"。

2. 超级经济特许权

"城堡似的坚不可摧的经济特许权正是企业持续取得超额利润的关键所在。"一项经济特许权的形成，来自于具有以下特征的产品或服务：①它是顾客需要或者希望得到的；②被顾客认定为找不到类似的替代品；③不受价格上的管制。以上三个特点的存在，将会体现为一个公司能够对其所提供的产品与服务进行主动提价，从而赚取更高的资本报酬率。

3. 超级持续竞争优势

"对于投资者来说，关键不是确定某个产业对社会的影响力有多大，或者这个产业将会增长多少，而是要确定所选择企业的竞争优势，更重要的是这种优势的持续性。那些所提供的产品或服务具有很强竞争优势的企业能为投资者带来满意的回报。"

4. 超级明星经理人

"我们持续受惠于这些所持股公司的超凡出众的经理人。他们品德高尚、能力出众、始终为股东着想，我们投资这些公司所取得的非凡投资回报，恰恰反映了这些经理人非凡的个人品质。"

5. 超级资本配置能力

"我们从来不看什么公司战略规划，我们关注而且非常深入分析的是公司资本配置决策的历史记录。一旦成为CEO，他们需要承担新的责任，他们必须进行资本配置决策，这是一项至关重要的工作。"

6. 超级产品盈利能力

"真正能够让你投资赚大钱的公司，大部分都有相对偏高的利润率，通常它们在业内有最高的利润率。"

7. 超级权益资本盈利能力

"对公司经营管理业绩的最佳衡量标准是，能否取得较高的权益资本收益率，而不是每股收益的增加。"

8. 超级留存收益盈利能力

"在这个巨大的股票拍卖场中，我们的工作是选择具有如下经济特性的企业：每1美元的留存收益最终能够转化为至少1美元的市场价值。"

9. 超级内在价值

"内在价值尽管模糊难辨却至关重要，它是评估投资和企业的相对吸引力的唯一合理标准。……内在价值可以简单地定义为：它是一家企业在其存续期间可以产生的现金流量的贴现值。"

10. 超级安全边际

"我们在买入价格上坚持留有一个安全边际。如果我们计算出一只普通股的价值仅仅略高于它的价格，那么我们不会对买入它产生兴趣。我们相信这种安全边际准则——本·格雷厄姆尤其强调这一点——是投资成功的基石。"

黑马股、成长股等股票虽然现在不被人看好、不被人推崇，但是将来会成为众人关注的明星股，投资这种后来者居上的股票无疑也是明智之举。其实，选股的过程就是投资价值发现的过程，一个好的选股者就是一个好的投资价值发现者。发现超级明星股既需要正确的方法和工具，也需要耐心和等待。一旦找到了心仪许久的珍宝，就要果断地拥有它，因为它来之不易。

三、选股看股性

股性也就是股票的个性，市场上通常用一定时期内一只股票股价的波动特性来衡量该股股性是否活跃。一般来说，股性取决于企业经营状况、分红派息方式、股本结构、题材是否丰富、二级市场供求程度以及地域特性等方面的因素。

（1）从企业的经营状况看，可分为强势股和弱势股。所谓强势股，即气势超过一般的股票。在一段时期经营业绩优良的个股必然是强势股。当大势处于跌势时，强势股往往跌幅甚微，甚至持稳不坠；当大势处于盘整阶段时，强势股能保持坚挺；当大盘处于升势时，强势股上涨冲击力总是最强的，而弱势股则恰恰相反。可见，选股要选强势股。

（2）从分红派息方式看，如果一个公司既有较强的股本扩张能力，盈利又能跟上股本扩张的速度，则投资者不仅可以获得股价波动的利润，而且能获得稳定的投资收益。一般来说，从资本公积、税后利润等财务指标能判断股票的配送潜力。但每个公司在分红派息上有不同的方式：有些公司虽有盈利，却吝于派息，或派息但不愿送红股；有些公司虽少盈利，却大肆分红，分光吃光；有些公司比较稳健，分红派息适中，以保证公司长期的成长性。因此，分红派息特性对一个公司股价的影响非常重要。我们在选股时，要分析公司分红派息的特性。

（3）从股本结构看，流通盘的大小对股性的影响非常大。一般来说，小盘股有利于主力庄家控盘，筹码收集时间也相对短一些。在多头市场下，小盘绩优股尤其受到主力青睐，在这种情况下，主力进出也比较容易。而对于大盘股来说，如果业绩不佳，长期无主力资金光顾，则可能造成股性呆滞，即使偶尔有较好的表现，也不过是主力调控大盘指数的工具，不宜做中长期投资。

在中国股市中，上市公司的地域性非常明显。川股、湘股、京股等都是股市中投资者熟悉的地域概念。西藏、新疆等边远地区的股票股性一般也比较活跃。有些股票经常在跌市中最先见底，升市中最先见顶；有些股票则仅在大盘涨升末段稍有表现，这就是股票的股性。我们如果能够捉摸到每一种股票的不同特征，那么，在选股中获胜的把握就会高一些。

当然，一只股票的股性并非一成不变的。一只股性很活的股票，有可能因为主力重仓持有而长期居高不下，股性因主力无法出局而变得呆滞，对于这类股票，投资者应敬而远之。

四、选股八依据

市场上有千万种股票，任何一个投资者即使有雄厚的资金，也不可能同时购买市场上的所有股票。如何选择风险小、收益大的股票进行投资，实在是一件难事。对于资金数量不多的小额投资者而言，在眼花缭乱的大量股票中选择好投资对象，就更为不易。正因为如此，便有"选股如选美"的感叹。但是，选股并非毫无策略可言，下述方法可谓选股之真谛。

1. 根据公司业绩选股

公司业绩是股票价格变动的根本力量。公司业绩优良，其股票价格必将稳步持续上升，反之则会下降。因此，长线投资者应主要考虑公司业绩进行选股。衡量公司业绩的最主要指标是每股盈利及其增长率。根据我国公司的现状，一般认为每股税后盈利0.8元以上且年增长率在25％以上者，具有长期投资价值。

2. 根据经济周期选股

不同行业的公司股票在经济周期的不同阶段，其市场表现大不一样。有的公司对经济周期变动的影响极为敏感。经济繁荣时，公司业务发展很快，盈利也极为丰厚；反之，经济衰退时，其业绩也明显下降。另一类公司受经济繁荣或衰退的影响则不大，繁荣时期，其盈利不会大幅上升，衰退时期亦无明显减少，甚至还可能更好。因此，在经济繁荣时期，投资者最好选择前一类股票；而在经济不景气或衰退时，最好选择后一类股票。

3. 根据每股净资产值选股

每股净资产值即股票的"含金量"，它是股票的内在价值，是公司即期资产中真正属于股东的且有实物或现金形式存在的权益，它是股票价格变动的内在支配力量。通常情况下，每股净资产值必须高于每股票面值，但通常低于股票市价，因为市价总是包含了投资者的预期。在市价一定的情况下，每股净资产值越高的股票越具有投资价值。因此，投资者应选择每股净资产值高的股票进行投资。如果市价低于每股净资产值，其投资价值极高。当然，净资产值低而市价也低的股票，也可适当选择。

4. 根据股票市盈率选股

市盈率是一个综合性指标，长线投资者可以从中看出股票投资的翻本期，短线投资者则可从中观察到股票价格的高低。一般来说，应选择市盈率较低的股票。但市盈率长期偏低的股票未必值得选择，因为它可能是不活跃、不被大多数投资者看好的股票，而市场永远是由大众行为决定的，因此，其价格也很难攀升。至于市盈率究竟在何种水平的股票值得选择，并无绝对标准。从我国目前经济发展和企业成长状况来看，市盈率在20左右不算高。

5. 根据股票的市场表现选股

股票的净资产是股票市场表现的基础，但两者并非完全对应，即净资产值高的股票，其市价不一定都有良好的表现，与相同或相近的股票，其市价可能有较大差异。因此，对短线投资者而言，市场价格如何变动，即其波动幅度大不大，上升空间广不广，亦是选股的重要依据。一般来说，短线操作者最好选择那些短期内有较大上升空间或市价波动幅度大的股票，这些股票提供的短期获利机会较大。

6. 根据个人情况选股

大多数投资者常对某些股票有所偏好，这可能是因为对这类股票的公司业务较熟悉，或是对这类股票的个性较易驾驭，或是操作起来得心应手，等等。根据个人情况选股时，要全面考虑自己的资金、风险、心理、时间、知识等方面的承受能力。比如，有的股票经常大起大落、变动无常，就不宜于被在上述方面承受能力不强的投资者选择。

7. 根据股价涨幅超前与否选股

通常同一行业中最好的两三只股票会有强劲的走势，而其他的股票则步履维艰。前者被称为"领导股"，后者便是所谓的"同情股"。"领导股"也是涨幅超前股，是投资者应选择的对象。如何发现这些"领导股"呢？一个简易的方法是股票相对价格强度测定法。所谓"相对价格强度"，是指某种股票在一定时期内涨价幅度与同期的股价指数或其他股票的涨价幅度的比值。通常认为，相对价格强度在80以上的股票极具选择价值。

8. 根据多头市场的四段行情选股

多头市场的行情走势通常可分为四段行情：

第一段行情为股价急升行情，整个市场的升幅极大，通常占整个多头行情的50%。在这段行情内，大多数股票从空头市场过度压抑的水准下反弹时，几乎所有的股票都会上涨。在这期间可以试进高风险股票。当空头市场转向，公司破产的威胁减少，这类股票会回复到较正常的水准，其升幅将有优良的表现。

第二段行情也是相当有利的，股价指数的升幅超出整个多头行情的25%。通常，在这段行情中，成长股开始有好的表现。投资者普遍看出经济发展的未来美景，并且寻找参与成长的方式。在这种投资气候里，成长股会更快地升高价位，此时的绩优成长股走势也相当好，其可能涨幅比股价指数还要高。因此，在这一段行情内，最好选择成长股的绩优股。

第三段行情的涨幅明显较小，一般少于整个多头行情的25%，而且只有极有限的股票继续上升。对这段行情的可能策略是：慢慢卖出次等成长股，转移部分资金用于具有在多头市场里维持价位能力的绩优成长股，以及购进那些能在未来经济困境中特别获益的顺应大势的股票。总之，此段行情内必须开始对空头市场作准备。

第四段行情是多头市场即将完结的行情，此时该涨的股票都已涨得差不多，只有绩优成长股以及可在经济困境中获利的少数股票，才可能继续上升。因此，这段行情的选股是最困难的，通常这时应是准备撤离市场的时候。但空头市场究竟何时来临很难确定，故此时全部清盘未必明智，最佳的保障办法是维持某些绩优成长股，而不要空仓。

基本面选股法

一、选择竞争优势股

现代社会是一个竞争的社会，在市场经济中，上市公司同样也要在市场竞争中求生存、谋发展。其中有一些公司，凭着自身规模大、实力强、竞争能力优异，利用收买兼并及其他手段形成在市场上的优越地位。

上市公司竞争能力的强弱，与其业务经营情况具有密切的关系。上市公司的竞争能力，往往表现为具有规模优势、产品质量好、经营效率高、技术有创新、熟悉市场情况、注意产品需求动态、营销技巧高明等。投资者投资具有竞争优势的公司自然有很好的回报。巴菲特曾说过："对于投资者来说，关键不是确定某个产业对社会的影响力有多大，或者这个产业将会增长多少，而是要确定任何所选择的企业的竞争优势，而且更重要的是确定这种优势的持续性。"因为只有长期持续的竞争优势才能为公司创造良好的长期发展前景，也才能成就基业常青的优秀公司。

上市公司在同业中的竞争地位强弱，评定的标准有以下几个方面。

1. 考察年销售额或年收入额

上市公司年销售额的大小，是衡量一个公司在同行业中相对竞争地位高低的一个重要标准，用公司销售额在全行业销售额中的比重来表示，更能反映这种情况。在同行业的激烈竞争中，占总销售额比重较大的公司，一定是竞争能力强大的公司，公司的盈利主要来自销售收入。收入越多，利润越多。所以投资者首先应该选择的是行业中领先的上市公司。

2. 考察销售额或收入额的增长

投资者理想的投资对象，不限于著名的上市公司，还有那些既有相当规模，其销售额又能迅速增长的上市公司，因为能迅速扩张比规模宏大更为重要。高增长的销售额往往带来高增长利润额，由此使公司的股价不断提高，股息不断增加，达到投资者进行股票投资的预期利益。

3. 考察销售额的稳定性

在正常情况下，稳定的销售收入伴之而来的是比较稳定的盈利，如果销售收入时多时少，变动太大，既给上市公司的经营管理带来很大的不利，也使付给股东的股息、红利有无、高低不确定性增加，因此投资者在选择中应充分注意公司的增长稳定性。

二、选择垄断背景股

资本具有天然的逐利性。社会上哪个行业赚钱，资本就会像潮水般地涌去。例如，出租车行业，由于门槛低，又赚钱，结果都去参与投资。但一个城市的承载量总是有限的，出租车多了，大家都赚不到钱。只有一部分资本退出来，出租车行业才能够又赚到钱。

资本进进出出，在各个行业循环，从长期看，各个行业都只能取得社会的平均利润。而垄断却是资本可以得到超额利润的源泉。

在西方发达国家的股市，股价高的股票，有很多是属于技术垄断的范畴。比尔·盖茨的微软是世界计算机软件大王，由于他的技术带动了计算机硬件的普及，从而走进千家万户以及厂矿、企业、机关和学校。有了技术垄断，微软的股价自然就高，比尔·盖茨才能成为世界上最富有的人。

技术垄断的一个最重要的含义，就是不可替代性。其他人不可能通过正常的手段获得其具有核心竞争力的技术。

世界金融投资大师巴菲特买的股票中，大量持有蓝筹股，如可口可乐。可口可乐也是有技术垄断地位的，它的配方是绝对保密的，再加上可口可乐不仅在美国家喻户晓，随着美国电影等文化传媒的宣传，从20世纪60年代开始就走向亚、非、拉国家，向世界扩散。既有技术又有市场的企业发展前景自然就好，企业盈利多了，股票的价格自然也就高了。

股市中的主力资金选择股票，首先考虑的就是技术垄断会对企业发展带来何种前景。

例如，在中国，通信行业的企业有很多家，那为什么中兴通讯的股价就比其他企业的高呢？

这是因为中兴通讯不仅做手机强大，更重要的是其在制造通信设备母机方面，有一个完整的产业链，所以该公司的核心竞争力的技术比其他公司要高得多。当然有了高技术，是否能形成垄断地位，也是很重要的。

投资者从垄断的角度寻找未来明星股的技巧有以下几个方面。

1. 自然资源垄断

景点旅游股拥有不可复制性的特征，因此，黄山旅游等景点旅游股就拥有一定的自主定价权的优势。因为景点资源就是垄断，那么，循此思路推广下去，具备与景点旅游股同样垄断性质的个股，同样具有自主定价能力，同样具备现价介入的机会。比如，高速公路是不可复制的，有自然资源的特征，如果主力资金能够拥有持续收购这些垄断资产能力的高速公路股，无疑较具投资机会。例如，粤高速、深圳高速等个股。

对水能资源拥有开发权的个股，无疑也是垄断资源，因为水能资源也是不可复制的，甚至是开发一块，少一块。所以，它也具有投资机会。

2. 技术垄断

类似于中科三环、云南白药、片仔癀等这样的技术垄断，此类个股在某一产品领域具有较强的技术垄断性，也具有核心竞争力，其业绩增长也是确实稳定的。

山西汾酒、贵州茅台等也具有一定的技术与资源等合二为一的垄断性质，此类个股较具有投资机会。例如，贵州茅台在2006年从40多元上涨到百元高价，其中重要的原因之一就是其具有一定的垄断性。

三、选择朝阳行业股

上市公司的行业分为以下三种：朝阳行业、夕阳行业和中性行业。朝阳行业和中性行业则被市场看做是有发展前途的，而对于夕阳行业，市场则是不看好的，这些公司一上市，其股价就会出现跌势。然而，对于朝阳行业的上市公司，市场则会特别看好其发展前景，而其股票在二级市场上亦会有不俗的表现——股价不断走强。因此，选择朝阳行业的公司进行投资是理性投资者的最佳抉择。

但是，市场永远是变化的。即便是朝阳行业的公司，也可能因为经营不善而出现亏损，导致其股票被打压。因此，选择朝阳行业的公司进行投资，应关注公司的成长性。近几年的证券市场上发生的一系列问题，更加说明了这一点的重要性。比如，有些公司上市时还可以，但上市半年后即宣告亏损；有些公司上市几年，业务发展正常，但随着行业发展的饱和，公司业绩亦逐渐滑坡，最终成为亏损公司；有些通过包装，"拉郎配"上市，不久即宣布破产；更有一些上市公司长期欺骗投资者，并以绩优股自居，被市场揭穿后，即告破产，等等。这些事例说明，投资者在选择股票投资时，一定要慎之又慎。

夕阳行业的上市公司，也可能因某些原因而变成朝阳行业公司，彻底改变公司的行业属性和形象。通常这类公司会进行资产重组或行业扩张收购等。在证券市场上，要把夕阳行业的公司转变为朝阳行业的公司，只有通过重组才能完成，这一类型的上市公司有煤矿、纺织等类公司。

一些夕阳行业的公司，也会因为国家的政策扶持或经历收购重组，而改头换面、脱胎换骨。对这一类的股票，投资者也应该加以重视。比如煤业，是很典型的夕阳行业，但是煤业作为资源型的产业，不但受到全球性资源紧缺的影响，而且也受到国家政策的保护。从2006年开始，全世界的原油价不断上涨，很多行业特别是那些用油量大的生产型企业，将面临大的冲击，甚至有倒闭的危险。为了避免世界性的灾难，"以煤代油"将会越来越受到世界各国的重视，从而使属于夕阳行业的煤业得以转型。

从行业的属性看，夕阳行业的上市公司很难有大的成长，相反，每年走下坡路的趋势则非常明显，而它们的股票同样会受到市场的打压。但是，从近几年上市的公司看，即便是夕阳行业的公司，其股票上市后仍受到市场的大力追捧，其中最重要的原因就是，公司行业出现新的转变，即公司经过重组。还有一点需要注意的是，在证券市场上，收购重组对象往往就是这些夕阳行业的上市公司。

对于上市的夕阳行业的公司来说，为了更好地发挥证券市场的再融资功能，使公司在同行业中立于不败之地，转变行业属性是夕阳行业公司的必由之路。因此，对于广大投资者来说，选择夕阳行业的上市公司应特别注意这样的问题。

四、从管理团队选股

巴菲特曾经说过："在进行控股收购和买入股票时，我们想要购买的目标公司不仅要业务优秀，还要有非凡出众、聪明能干、受人敬爱的领导者。"因为伟人才能成就伟业。

上市公司对各种资源进行计划、组织、实施和控制以达到其既定目标，与公司高层管理者的能力有密切关系。公司经营管理者在管理活动中起着主导性、决定性的作用，他们是企业的神经中枢，负责企业一切重大经营管理事项的决策。如果他们不优秀、素质不高，他们所经营的企业也不会是优秀的企业，投资者也不会有机会获得良好的投资回报。对公司管理者的素质和能力进行考察，是选择股票时需要加以关注的。投资者应了解以下三个方面的情况：

第一，考察管理层经营管理工作的活力。管理层群体是否富于竞争意识和充满活力，关键看其是否有强烈的从事经营管理工作的愿望，群体中每个人是否有影响他人的愿望，是否有与下属人员共同努力取得成果的愿望。

第二，考察管理层的沟通协调能力。管理的艺术恰恰在于沟通协调。融洽的关系是协同作战的前提条件。这种沟通不仅局限于公司内部，也包括对公司外部的各种顾客、供应商、政府部门以及社团的沟通等。

第三，考察管理层经营管理的专业能力。投资者应关注的专业能力是公司管理层的整体专业能力，且管理层的知识结构要合理，生产、销售、财务等各方面都不能偏废。

例如，青岛海尔公司的总裁张瑞敏就是一位国内难得的优秀的经营管理人才，在他的领导下，公司已经成功打入并占有国际市场，业绩稳定并向世界500强进军。

五、从公司利润选股

对于一个公司来说，赚钱就是硬道理。

股票发行公司的盈利水准是影响股票市场价格的主要因素之一。由于股票价值是未来各期股息收益的折现值，而股息又来自公司利润，因此，利润的增减变动就成为影响股票价值以及股票价格的最本质因素。在一般情况下，公司的盈利水准上升，其所发行股票的市场价格也将上升，反之，公司的盈利水平下降，其股票的市场价格也将下跌。因此，现在欧美的证券市场，多以盈利性为标准衡量。

通常的情况是，股票价格的变化往往是在公司盈利的变动之前发生，其变动的幅度也大于公司盈利的变动幅度，原因在于股票投资者的心理预期。由于投资者非常关注股票的预期收益，而股票发行公司盈利水准的上升或下降往往事前会有一些征兆，故一旦公司具有盈利下降的迹象，投资者就会出售股票，造成股票市场价格下降。反过来，如果迹象显示公司盈利将会上升，势必有更多的投资者购买股票，使股票价格上升。因此，投资者必须关心公司的盈利，并对公司有关盈利的情况进行分析。其具体分析可从以下三个方面展开：

（1）由于公司的盈利额是收入减去支出总额而得出的，在核算公司的盈利时，要把那些一次性影响盈利增减的因素除去，对于使盈利额临时增加或减少的部分进行调整，以便正确地估计公司的正常盈利。

（2）对公司的盈利能力，可以从各个不同的角度进行衡量，如公司产品销售利润率是否明显高于同行业竞争对手；净资产收益率是否明显高于同行业竞争对手；公司留存收益盈利能力是否强大。

（3）对公司盈利前景的预测是盈利能力分析的重要一环，因为投资者感兴趣的是投资以后企业的盈利前景，也就是我们通常所说的"买股票是买未来"。公司历史的盈利指标只能提供历史的资料，并不能完全保证公司将来的盈利，因为公司的未来收益不仅取决于公司内部经营管理的改善和变化，还取决于公司外部市场条件以及其他条件的变化。事实上，准确地估计公司未来盈利前景是一件十分困难的事情，即使是专家也同样如此。

尽管大的咨询公司雇佣各方面专家，建立复杂的统计学模型，采用回归分析方法试图预测将来的发展前景，但实际效果并不尽如人意。对中小投资者而言，若能适当关注各类信息，积累经验，挑选自己熟悉的股票，采用比较简单的经验方法，也能准确地预测未来变化。在这方面，主营业务利润率和经营活动现金流量为投资者提供了一个相对可靠的预测基础。

六、从财务状况选股

现代公司大都负债经营以扩大生产规模，利用债务的税收抵免效应和财务杠杆作用增加公司股东价值，但如果债务管理失策，财务状况欠佳，不仅影响公司的正常生产经营，严重的还会导致公司破产。因此，股票投资者除了要研究公司的盈利能力和经营管理水平外，还要适当关注公司的财务状况。部分上市公司由于替关联公司进行债务担保，由此产生的债务纠纷甚至影响到公司的正常生产经营，投资者不可不察。

判断股票发行公司的财务状况和经营成果可以运用差额分析法。

差额分析法是股票投资者进行财力分析的具体方法之一，也叫绝对分析法，即以数字之间的差额大小予以分析。它通过分析财务报表中有关科目绝对数值的大小差额，据以判断股票发行公司的财务状况。

在财务分析中，主要是分析下列数值的大小：

净值=股东权益=资本总资产-总负债

营运资金=流动资产−流动负债

速动资产=流动资产−存货=库存现金+银行存款+应收账款+应收票据+有价证券销售

毛利=销售收入−销售成本

营业纯利=销售毛利−营业费用=销售收入−（销售成本+营业费用）

税前盈利=营业纯利+营业外收入−营业外支出

税后盈利=税前盈利−所得税=本年净收益

通过对上述数值的差额分析，中长线投资者可以获得对一个公司财务状况和经营效益的初步认识。

此外，投资者还可通过各种表格资料对比个股的股价，选择具有中长期投资价值的股票。

如图1，2008年年末南京高科（600064）在熊市中长期下跌后其股价最低时竟跌至8.03元。而从个股资料中可以看到该股的净资产为14.12元。这表明该股被低估，已具有中长线投资价值，此后半年多股价迅速回升至28元左右。

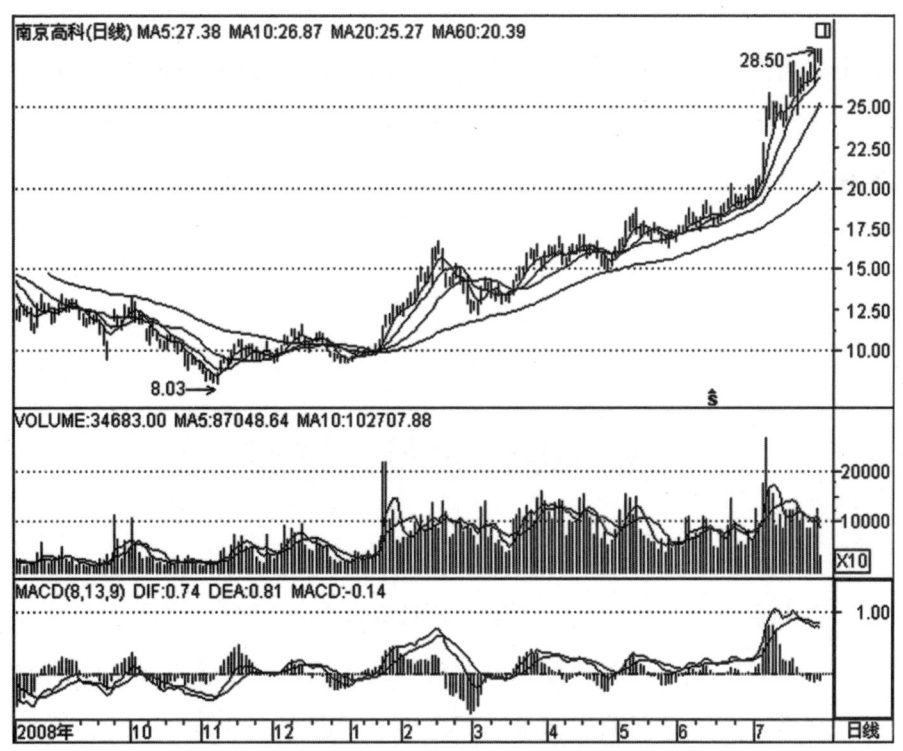

图1　中长线投资价值案例

七、从股东变化选股

公司大股东的更换通常意味着公司经营范围和经营方式的改变，特别是在中国现有的市场条件下，大股东的更换往往成为市场炒作的导火索。尤其是当庄家知道散户投资者会关注股东变化情况来了解市场动向时，更会采用使用多个账户，制造股东人数增加、筹码分散的假象，以此来掩护庄家悄悄建仓。因此，我们必须学会用"道高一尺，魔高一丈"的办法来对付市场庄家，这样选股才可能立于不败之地。

这个"道高一尺，魔高一丈"的办法就是悉心观察个股的前10名股东持股情况，看看里面有什么变化，有什么文章可做。因为是前10名，他们的资料就比较难以隐蔽，投资者完全可以从中来发现庄家的动向。

上市公司的年报、中报、配股或增发后的股份变动公告均会公布前10大股东的持股情况，有少数公司在发生股权转让时也会公布新的10大股东持股情况。

我国有不少公司除了前几名，或者第一名大股东所持的股票是非流通股外，其余均为流通股股东，计算这些流通股股东的持股合计数量占总流通盘的比例，也可以让我们大致推测筹码的集中程度。一般来说，前10大股东所占的流通股比率呈显著增加趋势，说明筹码在迅速集中，演变成强庄股的可能性就很大，将来这类股票涨幅就比较可观。

八、观察大股东选股

大多数上市公司之所以陷入困境，连续多年处于亏损，是因为控股股东对上市公司的疯狂掠夺，肆意侵犯上市公司的合法权益，最终使中小投资者的利益也受到损害。控股股东惯用的伎俩主要有分红派现、圈钱等，初涉股市的投资者很容易被这些股东的灰暗伎俩套住。控股股东掏空上市公司的黑招主要有以下几种。

1. 强逼上市公司担保

大股东想方设法榨取上市公司有价值的资源，利用上市公司为自己牟取私利，不放过任何一次机会，全然不管流通股股东的利益。

除了直接占用上市公司的资金，跟上市公司进行关联交易外，大股东还经常强行让上市公司给其担保，向银行贷款。

如果按照正常的商业规则来进行的话，担保也无可厚非，可是上市公司与大股东之间的这种担保是一种地位不对等的担保，这种担保是否能保障上市公司的利益就很令人生疑了。

2. 质押股权贷款

股权贷款和股票贷款是获得现金的两种绝佳途径。大股东似乎对上市公司的持续经营毫不关心，对企业管理也毫不关心，只是对现金有着一种特别的爱好，如饥似渴地想尽办法去获得现金，也不管自己能不能驾驭如此大规模的资金，也不管自己投资的项目盈利前景如何。只要有机会获得现金，就绝不会放弃，即使潜在的风险特别大，他们也不在乎。

3. 不公平的关联交易

从侵犯上市公司利益的各种手法来看，大多是通过关联交易来达到目的的。关联交易一般是指母公司（控股股东）与上市公司（子公司）之间发生的资金往来、费用分担、业务来往和资产购销等活动。关联交易之所以深受大股东的喜欢，是因为这种操作可以避开外人的眼光，以部分权益的损失便可换取百分之百的收益。关联交易事实上成了大股东占用上市公司资源的一个主要的黑色途径。

4. 现金变成了货物

大股东准备归还上市公司的资金时，会在归还问题上又玩许多新花招。大股东经常拿一些东西来抵债，而且该货物的价格却由大股东单方面来确定，也不管你要不要这种资产，也不管这种资产是否是垃圾资产。除了资产的价值是否等值，还存在资产是不是符合上市公司的战略发展方向的问题。

因此，在选股过程中，要认真瞄准上市公司的即时情况，深刻掌握它们的内部情况，识透控股股东的把戏，以防被套牢。

5. 强行占用上市公司的资源

大股东缺钱时，会将贪婪的目光投向上市公司。在他们的眼里，上市公司就是一个取之不尽的宝藏。上市公司刚刚上了市，或者刚配完了股，手头得到了一笔巨大的现金，这正是大股东所渴望的。他们死死盯住这些钱不放，于是就开始想歪招，利用手中的控股权把上市公司的现金强行占用。

九、从业务扩展选股

是否选择该公司的股票，最主要的标准是看其业务扩张能力，如果一家公司的业务发展连续呈上升状态，表明该公司是一家管理好、业绩好的公司。一家业务扩张能力很强的公司，它的业务在同类中将处于绝对竞争优势，甚至是处于垄断地位，因此，其业绩将呈现良性的、持续的上升态势。相应的，该上市公司的股票也将有不错的表现。

在证券市场上，众多投资者看好的一般都是以业绩为主的股票。其实，有一些公司可能因为刚开始投资，还没有回报，所以当年难有利润，这就导致付出多，而收入少，当年业绩出现亏损。但公司一旦到了发展和成熟期，新利润即不断增长。因此，对这一类的上市公司应采取"放长线钓大鱼"的投资理念，在公司因投资而未产出时，就应该看好并付诸行动进行投资。其实，庄家可能这时候也会趁机杀入。市场中的一部分人会借公司亏损，打压其股票，而机构庄家则会反其道而行之。

比如，深万科就是一只典型的优质股票，每一年都在上涨，如果按当时的发行价1元计算，到现在每股翻了300多倍。如图2，这是万科A（000002）自上市后长达15年的走势。由此可以看出，选择一家好的上市公司，最好的投资方法就是长期投资。

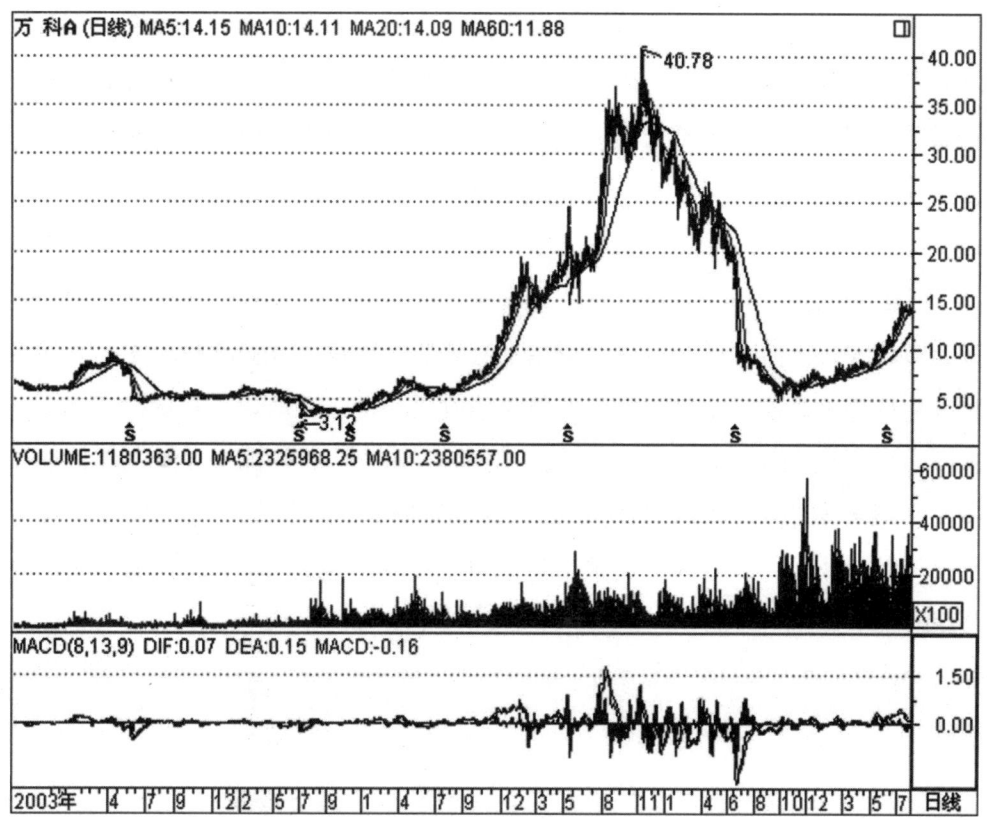

图2 优质股票案例

十、从扭亏能力选股

市场形象对一家上市公司来说极为重要，而衡量一家上市公司的市场形象的重要标志就是"盈和亏"。如果连续多年盈利，市场就会把其定位为"绩优股"；如果连续多年亏损，市场就会把其定位为"垃圾股"。

因此，上市公司为了维护其在二级市场上的形象，会极力争取利润。但是，任何上市公司都不能保证本公司只盈不亏，因为有太多不确定因素在影响着公司的发展，公司也不可能摆脱环境的影响。因此，盈利和亏损都属正常现象。不过，对于证券市场中的投资者来说，选择亏损的上市公司投资，所冒的风险太大，而选择盈利的上市公司投资，将是明智的。但事实并不像人们想象的那样，买入盈利股，不见得就涨，而买入亏损股也不见得就跌。相反，那些有扭亏能力的上市公司，特别是一些通过资产重组来改头换面的公司，会被投资者视为"宝贝"，而备受青睐。

亏损的上市公司，一旦扭亏，特别是那些带有"ST"帽子的公司，其股价将会形成大幅上升，甚至往往是成倍上升趋势。因此，在证券投资中，一定要有冒险精神（其实，本来投资证券就是风险工作），正所谓"富贵险中求"，这样，所投资的资产才会快速增长。例如，2001年年底到2002年，深沪两市中，个股升幅最大的几乎都是一些带有重组概念的和扭亏公司的股票。而在2006年的股改中，所有的ST股票都想重组后股改，这就给本来将面临倒闭的ST公司带来很大的生存机会。

十一、观察公司重大事件选股

就像股市是一个喧闹躁动的海洋一样，企业的经营也不是风平浪静的，一个上市公司总是要伴随着各种突发的、影响重大的事件而成长的。企业中常见的重大事件有以下几种。

1. 公司订立重大合同

该合同可能对公司的资产、负债、权益和经营成果中的一项或多项产生显著影响。

在合同中，最常见的是关于产品或劳务的销售合同。在企业生产经营中，最重要的是要保证所生产的产品或提供的劳务有销路，如果其产品或劳务没有销路，再先进的工艺设备、再科学的生产组织等都将付之东流。而销售合同的订立，就保证了在今后一段时间里产品或劳务的销路，保障了营业收入的取得，使企业的生产、销售能够延续，从而保障企业的生存与发展。如某些上市公司，常常披露本公司的销售合同已经预订到了其后的两年时间，就有力地说明该企业所提供的产品是处于供不应求的状态，投资者也就有理由相信企业在未来的两年里，其生存不会发生问题。

2. 股东大会及决议

按照规定，股东大会每年至少得召开一次。在股东大会上，一般要重新选举董事会成员和监事会成员，这些高级管理人员的变动，必将影响到公司的经营风格和管理水平。而股东大会的有关决议，如对董事会的授权、对投资项目的改变、有关增资扩股和利润分配方案等，也将影响到公司投资者的切身利益。

3. 公司的经营政策或者经营项目发生的重大变化

毫无疑问，公司经营政策、经营方式及经营项目的重大变化都将影响到公司今后的经营业绩，甚至影响到公司的生存与发展。

4. 公司发生重大的投资行为或者购置金额较大的长期资产的行为

公司所发生的重大投资行为，或者购置金额较大的长期资产的行为，将影响到股东权益的变化，倘若投资失败，还会减少公司的净资产，使每股股票的净资产降低。在过去的几年里，一些上市公司经营不佳，相当部分都是其投资不合理或者盲目投资造成的。

5. 公司发生重大债务

一般来说，企业在经营中都需要经常举债，以保障资金的周转，虽然有些公司从来不举债，但灵活地运用借债来加速公司的资金周转是企业经营中的一项重要技巧。但若公司的债务过多，使其资产负债率居高不下，接近甚至达到100%，公司就会面临破产的危险，所以对于公司所发生的重大债务，投资者一定要密切注意。

6. 公司资产遭受重大损失

在企业的经营中，有两类事件容易导致公司的资产遭受损失，一类是天灾，一类是人祸。天灾是一些不可抗拒的自然力量，如洪水暴发、地震，等等；人祸主要是投资的失误、在生产中人为的操作失误，等等。

在公司的资产遭受损失时，一是要研究遭受损失的财产与公司的净资产相比占有多大的分量，对每股净资产的影响有多大；二是其对未来企业经营管理的影响，是否对生产有影响，企业能在多长的时间范围内恢复生产，从而对未来年份的经营效益作出合理的预测。

7. 公司未能归还到期重大债务的违约情况

在债务到期时，公司未能归还重大债务，说明公司的资金周转出现困难，进而可能影响到企业的经营。如某百货商场以营业场所作抵押借贷了大量的资金，但由于到期不能履行债务，金融机构向法院提出诉讼，要求将百货商场的场地予以拍卖；百货商场由于丧失了营业场所，营业不能继续，最终破产倒闭。

8. 新颁布的法律、法规、政策、规章等，可能对公司的经营有显著影响

公司的经营除了受经营水平、经营环境等的影响外，相关的法律、法规也将对公司运营产生影响。如为了环境保护，国家规定一些低档次、小规模的造纸厂必须在指定的期限内停产或增加污水处理装置，这势必增加造纸企业的生产成本或直接影响造纸企业的生存。如国家赋予外商投资企业"国民待遇"，与此同时，所有企业将在所得税方面一视同仁，任何企业不得有所特殊。那么，目前部分上市公司所享受的15%所得税税率优惠将会被取消，在利润总额相同的情况下，净利润就会减少。

9. 持有公司5%以上发行在外的普通股的股东，其持有的该股票的增减变化达到该种股票发行在外总额的2%以上

按照中国证券监督管理委员会的规定，当持有5%以上发行在外的普通股票的增减变化达到该种股票发行在外总额的2%以上时，意味着公司的大股东增加或减持公司股份。若是增加持股，可能有收购事件发生，而减持公司股份，就可能使大股东的结构发生变化，从而影响董事会的组成。

10. 公司生产经营环境发生重大变化

公司的经营环境发生重大变化后，将对公司的经营产生影响。又如公司搬迁到开发区或转移到开发区注册，它将使公司享受所得税优惠，从而影响公司的税后利润留存。如公司所在地通讯、交通等条件的改善，可加快经营信息的沟通、缩短原材料和产品的运输时间，从而有利于公司提高经营水平。

11. 董事长、30%以上的董事发生变动或总经理发生变更

当董事长或30%以上的董事发生变动或总经理发生变更时，就意味着公

司的高级管理及决策层发生了变化，公司的经营方针等可能受之影响而产生变化。

12. 公司章程、注册资本和注册地址的变更

公司的章程、注册资本及地址的变更说明公司的经营实力、经营方式或经营环境发生了变化。

13. 涉及公司的重大诉讼事件

涉及公司的重大诉讼事件，有可能影响到公司的生存和发展。如某上市公司在上市前曾有两笔贷款担保已进入诉讼阶段，但上市公司认为按情理自己不应该成为被告而未向股东通报。结果官司败诉后被判对贷款负连带赔偿责任，因被担保者不能履行还款义务，该上市公司将负责代被担保者偿付贷款本息近4 000万元，从而使该上市公司的股东遭受重大损失。

14. 公司进入清算、破产状态

公司进入清算、破产状态，说明公司的经营已经终结，这绝对是投资者应该关注的。

15. 公司发行债券或股票的行为

公司对外发行了债券或股票，在募集了资金、增强了公司的经营实力的同时，也使公司的资产负债结构、股本结构发生变化，从而影响公司的经营。

16. 公司营业用主要资产的抵押、出售或者报废资产超过总资产的30%

公司营业用的资产抵押、出售或者报废等行为都将影响到公司生产经营的正常进行。

17. 公司的合并或者分立

公司与其他公司合并或公司自身分立，将影响到公司的财产分割、经营方式等，从而影响到公司的生存与进一步发展。

公司发生的这些重大事件将对公司的经营管理产生深远的影响，从而使上市公司的经营业绩发生变化。股票市场是一个投机盛行的市场，上市公司所发生的每一重大事件都将成为股票炒作的题材，成为股价涨跌的导火索。

可以说，上市公司的重大事件肯定孕育着"黑马"。

十二、从市盈率选股

市盈率是一种股价评价标准，是股票价格与企业每股税后利润的比率，其计算公式为：股价／每股税后利润。根据市盈率来选股，也是一种最普通的选股法。

一般来说，应该选择市盈率较低的股票。但究竟市盈率处在何种水平算低，何种水平算高，至今都没有一个绝对的标准。中国上市公司股票的市盈率一般在30~50倍的范围内波动，一般来说，30倍以下是低风险区，50倍以上是高风险区。

从投资价值的角度分析，假如我们把一年期的银行存款利率作为无风险收益率，那么在股市中高于这一收益率的收益水平就是我们可以接受的。低于这一市盈率水平的股票，就可以认为价值被低估，具备了投资价值。例如，我们以一年期银行存款利率为3.78%所对应的市盈率26.5倍，作为判断股票投资价值的标准，低于这一市盈率水平的股票，就可以认为价值被低估，具备了投资价值。然而，如果仅从这一角度去考虑问题，我们必然要犯错误，因为市盈率受一些因素的影响很大。

首先，市盈率水平与公司所处行业密切相关。例如，科技股的市盈率往往比传统产业如钢铁板块高，但是这也往往容易产生泡沫。

其次，市盈率还受股本大小和股价高低的影响。一般来说，股本越小的股票越受青睐，其市场定位和市盈率越高。

此外，公司的成长与否，对市盈率有重大影响。一个对未来有良好预期的个股，其股价自然就高。公司未来前景越好，成长性越高，市盈率水平就越高。

那么如何衡量这一因素呢？我们在此引入动态市盈率的概念，从市盈率的公式可以看出，市盈率是股价与每股收益的比值，每股收益的变化使市盈率向相反方向变化，由每股收益的不同，我们可以计算出三种市盈率，即市盈率1、市盈率Ⅱ、市盈率Ⅲ。

市盈率I=考察期股价／上年度每股收益

市盈率Ⅱ=考察期股价／中期每股收益×2

市盈率Ⅲ=考察期股价／预期本年每股收益

市盈率I是基于假设企业考察期每股收益与上年每股收益相同，而上年每股收益实际上不能真实地反映企业当前的实际经营情况和获利能力，因此该市盈率不能真实地反映实际市盈率水平，其作用也就大打折扣。例如，一只市盈率I为100倍的股票，若其利润增长1倍，则实际市盈率就降到50了；反之，一只市盈率I仅20倍的股票，若其盈利能力大幅滑坡，则其市盈率就大大提高了。中期业绩公布后，许多人用市盈率Ⅱ来选择股票，缺陷也是明显的，公司上半年的收益不等于全年的收益，有时还差距很大。由于企业的未来每股收益较难预测，不确定因素太多，市盈率Ⅲ很可能与实际情况有很大出入，但是无论如何，它是人们经过综合分析公司的情况得出的结论，具有很大的参考价值。当然，将以上三种市盈率指标结合起来考虑更全面。

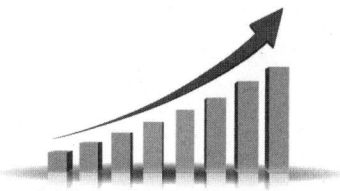

大盘走势选股法

一、在强市选啥股

股市永远都不寂寞。在股市行情的运行中，强市中可以赚钱，弱市中也照样能赚到钱。因为不管是弱市还是强市，市场总能找到热点，各种概念和题材都会应运而生，关键在于如何选股和操作。相比较而言，熊市的热点炒作只宜短炒，不宜长线投资，获利空间也比较有限。而牛市赚钱的几率更大，操作更容易，失误的可能性更小。

许多投资者往往是在强市来临时才开始选股，在激烈的市场变化中，他们往往由于没有做好充分准备，结果总是比市场慢半拍。

其实，在强市中准确把握个股机会的前提条件是需要在强市来临之前及早做好选股的准备。充分了解上市公司，积极挑选股票，才可以避免追涨杀跌，疲于奔命，才能在强市行情中应对自如。

所以，投资者要在强市来临之前对股票进行大量的鉴别和挑选，从中选择可以介入的候选股票，建立自己的"股票池"。等到强市来临时再根据市场热点的分布来选择具体的投资目标。

那么，在强市行情中，哪些个股具备股价翻番的潜力呢？通过对股市中历年来涨幅较大的"黑马"进行统计汇总分析，可以发现股价能实现翻番或大涨行情的个股，主要具有以下一些特征。

1. 业绩有明显改善

相对于业绩始终比较优良的绩优股而言，原来业绩较差，在经过重组或开发新品种、转换经营方向等过程后，业绩有翻天覆地变化的上市公司有更大的涨升空间。

2. 启动价位比较低

具有翻番潜力的个股，其启动价往往比较低，一般在3~8元区间内。启动价较低通常由两方面原因造成：一是个股由于盘子较大、缺乏炒作题材、股性不活跃等原因，不受大多数投资者欢迎，市场反应冷淡，导致股价偏低；二是主力选中该股后，为了能在低位建仓，故意大肆打压，造成个股严重超跌，股价明显偏低。股价偏低几乎是所有实现翻番"黑马"的共同特征之一。

3. 有丰富的潜在题材

股价容易翻番的个股大多有实质性的潜在题材作为动力，如资产重组、外资参控股、并购、高比例送转等。但是，中国股市历来有见利好出货的习惯，因此，投资者如果发现个股涨幅巨大，而原有的潜在题材也逐渐明朗化，转变为现实题材，需要注意提防主力借利好出货。

4. 有市场主流资金入注其中

那些不理会大盘涨跌起落，始终保持强者恒强走势的"黑马"，一般是因为有具备雄厚实力的市场主流资金入注其中，而且主流资金是属于进入时间不长的新庄。从股价走势上可以看出，这些个股在启动前都曾经历过一段时间的潜伏期，期间成交量有明显增大迹象，筹码分布逐渐趋于集中。当主流资金得

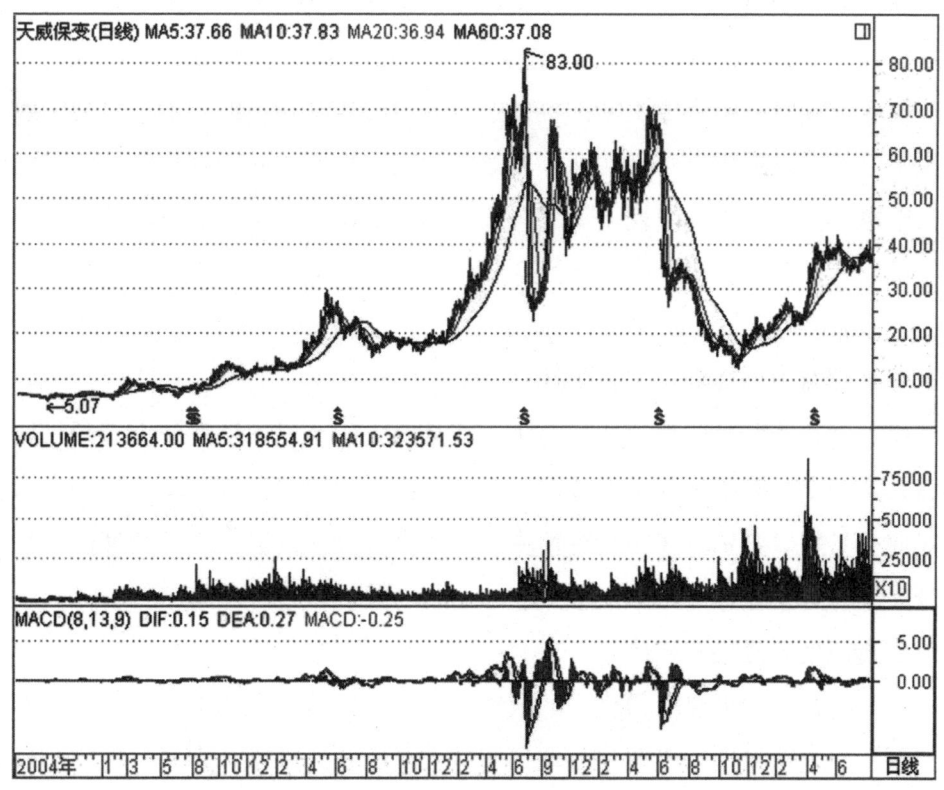

图3　明星股案例

以充分建仓后，一旦时机成熟，股价往往能拔地而起，涨幅惊人。

股价易翻番的超级"黑马"，除了具有以上的共同特征以外，还有一些个性的特征，比如，在股市低迷市道上市的次新股，由于定位偏低，当进入强市阶段后，股价往往会出现强劲走势。

如图3，天威保变（600550）因有央企入驻重组题材，启动价位又足够低，主力入驻后经过长时间吸筹、洗盘，最终从5~6元上升到83元，成为2007年最耀眼的明星股之一。

二、在行情启动时选股

在大势刚刚走好之际，怎样才能跑赢大势是每位投资者都关心的问题。如果投资者希望取得超越大盘涨幅的盈利，首先要考虑的问题就是如何选股。

随着沪深股市的持续不断扩容，上市公司的数量在不断增加，目前的股市已经不可能再出现股市开创初期那种齐涨齐跌的局面，有的强势股即使在波段行情中也可能有翻番的表现，而弱势股即使在牛市行情中也有可能让投资者亏损。所以，投资者必须及时转换投资理念，学习和应用适合新市场环境的选股技巧，才能取得超越大盘的稳定收益。

1. 选择有主流资金介入的个股

投资者在选股时要注意选择有主流资金介入的个股，这些资金必须是属于新流入的资金，对于一些长期被套的老资金入注个股要坚决回避，投资者需要通过成交量加以鉴别。在一轮行情中，有新资金介入的股票涨升的速度往往会超越大盘的上涨速度，从而为买入这类股票的投资者带来丰厚利润。

2. 选股时要紧随市场热点

上升行情中如果要取得优秀的成绩，必须要抓住"领头羊"及其连带的热门股票，只有选择这类股票才是取得超越大盘收益的基础。但是，在实际操作中要注意控制风险，不要盲目追高，要采用趋势操作方式。并且要随时保持警惕，谨慎持股，一旦发现操作失误或个股基本面发生重大变化，应及时退出，重新选择。

3. 有套牢股票的投资者更要注意细心选股

在行情刚刚由弱转强的时候，很多投资者是处于套牢状态的。这些投资者常见的思维误区是：选股仅仅是有空仓资金的投资者需要掌握的技巧，重仓深度套牢的就可以不用选股了。

其实，有套牢股票的投资者，更要注意细心选股。这类投资者要根据市场环境和热点的不断转换，及时更新投资组合。将一些股性不活跃、盘子较大，缺乏题材和想象空间的个股适时卖出，选择一些有新庄入驻、未来有可能演化成主流的板块和"领头羊"的个股逢低吸纳。只有把握时机，积极选股和换股，更好地组合自己的持股结构，才能取得跑赢大势的收益。

三、在飙升行情中选股

"涨时重势，跌时重质"。在快速上涨行情中，个股的基本面分析不再是最重要的，选股要重视三大效应：板块效应、资金效应和题材效应，要选择上涨趋势明显的强势股和龙头股。

在快速上涨行情的初期，绝大多数股票都会轮番上涨，但是随着行情的进一步深化，强势股就会逐渐脱颖而出，持有强势股的投资者的收益也会超越大盘的涨幅。

对于强势股的投资有两种方法：一种是在涨升行情初期根据板块、资金、题材三大效应进行选择；另一种是如果在行情初期选股不当，也可以在涨升中期针对逐渐明朗化的强势股进行换股操作。

在快速上涨行情发生时，投资者要从盘面分析中重点关注和追涨以下类型的个股：

（1）属于市场中领涨板块的龙头股。

（2）成交量明显放大，市场资金重点追捧的个股。

（3）涨幅靠前的个股，特别是涨幅在第一榜的个股。

（4）开盘后能够率先上涨，并且快速封上涨停的个股，甚至连续出现第二个涨停的强势股。

投资者不仅在买入股票的时候要重点选择这类个股，即使在快速上涨行情发展到一定阶段时，也要注意这些强势个股的动向。因为强势股的反应异常灵敏，当这些强势股涨升乏力、出现滞涨时，投资者应提高警惕，此时往往预示着井喷行情即将结束，投资者要注意把握时机卖出股票，获利了结。

由于快速上涨行情中最主要的参与手段是追涨，因而对于追涨的投资策略，投资者应该重视。因此，当进入快速上涨行情后，投资者要大胆地采用追涨的操作方式。追涨操作时不能完全拘泥于业绩、成长性、市盈率等进行投资，而是要结合上涨的趋势来选股。追涨操作必须要制订周密的投资计划，选择更有盈利机会的个股，并且采用适宜的投资技巧。

如图4，太行水泥（600553）在2008年11月底股市的复苏行情中表现得极为强势，同时受政府投资4万亿元拉动经济政策的影响，水泥板块飙升，该股就是水泥板块的领头羊。在这种快速上涨行情中，投资者要大胆地采用追涨操作。

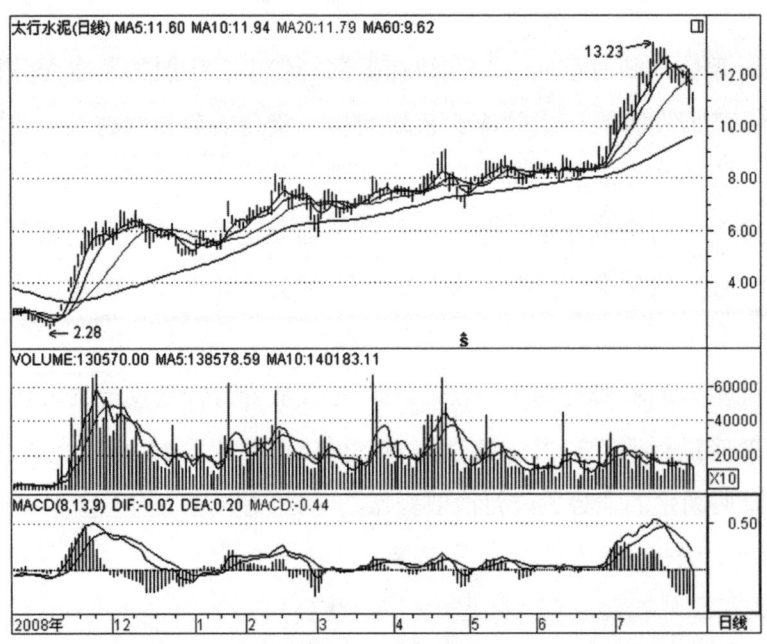

图4　追涨案例

四、在慢牛市选啥股

1. 选择运行于上升通道的个股

在缓慢上涨行情中获利，最重要的是掌握个股箱体运动的特性，测算股价运行的上下轨道，这需要依据上升趋势线和布林线指标加以研判。

（1）在走势图上，将个股每次调整的低点联结，画出上升趋势的下轨线；再将个股每次反弹的高点联结，画出该股上升趋势的上轨线。

（2）当个股股价调整时触及布林线的中轨线并获得支撑，同时该价位接近上升趋势的下轨线时，可以积极地选择买入时机；当个股股价反弹到上升趋势的上轨线附近时，如果股价同时触及布林线的上轨线并遇到阻力，投资者可以卖出。

2. 关注成交量

选股时要注意成交量的变化，关注在底部成交量温和放大的个股。在涨升初期，成交量应伴随着股价的盘升逐渐放大，当上涨至前期密集成交区之时，在较大成交量的配合下应能顺利冲过。这类有量配合的个股是盘升行情中最佳选择对象。

3. 关注均线系统

选择均线系统已呈多头排列的股票。个股的5日、10日、20日、30日等多条移动平均线均向上运行，如果均线系统仍处于不断下跌的个股，不予考虑。这是因为在大盘走强时，个股的均线系统仍不能摆脱疲弱格局的，通常有两种情况：一种是该股为市场主流资金不感兴趣的弱势股，另一种是前期曾有过较大涨幅，目前刚刚转入调整阶段的个股。

4. 关注大势走向

投资个股要重视大势。大盘运行平稳，成交量保持均衡的，说明持股者心态平稳，股市的上涨趋势仍然可以延续，投资者可以积极选股参与盘升行情。

5. 坚定持股信心

越是缓慢盘升的行情，越是考验投资者的耐心，这时需要坚定持股信心。相反，股市出现快速飙升，投资者则要果断卖出，及时获利了结。

五、在主升浪中选啥股

1. 主升浪行情中的选股原则

主升浪行情中选股的原则是：出奇制胜。随着股市的不断扩容，存量资金不能始终保持同步放大，股市已经从开创初期的那种股盲都可以赚钱的年代，逐渐演化到现在仅有极少数人可以获利的时期。即使在主升浪行情中，如果不善于选股，也同样难以获取丰厚的利润。

2. 主升浪行情中的个股运行规律

（1）热点个股的崛起往往出人意料，又在情理之中。

（2）行情热点的兴衰始终没有摆脱蓝筹这条行情主线。

（3）符合行情主线的个股，往往维持着强者恒强；而不符合行情主线的个股，往往表现出弱者愈弱的"马太效应"。

在选股中需要出奇制胜，对于一些符合行情主线，但目前表现不是很理想的个股，不妨趁其股价不高时，先主动买进。相对于疲于奔命地追逐已经涨高的热点，这种人弃我取、出奇制胜的选股原则，获利更加丰厚，安全系数更高。

例如，在2009年5~6月份的蓝筹股行情中，金融板块由于2008年年底受美国次贷危机的影响，表现较差，不被大多数投资者看好。但此后却能够异军突起，这是因为金融股也属于蓝筹主线上的一个环节，该板块的启动出人意料，又在情理之中。最典型的就是图5被誉为"大象"的工商银行（601398），带领大盘走出逼空行情。

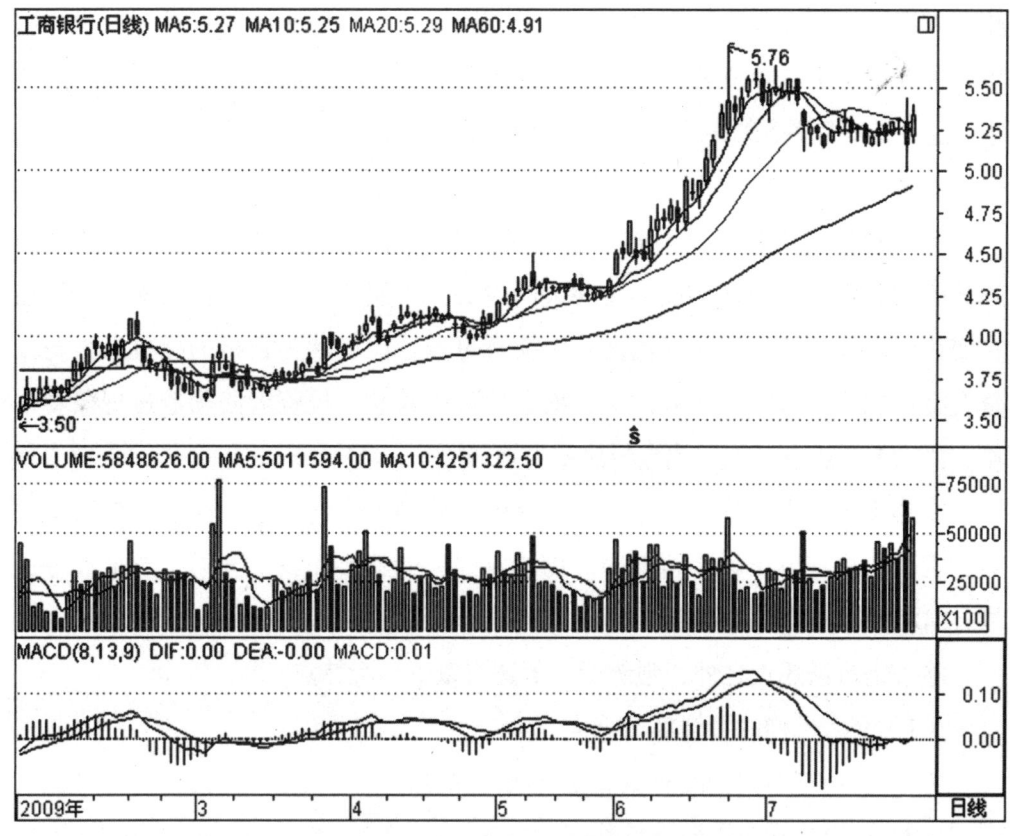

图5　主升浪行情中的案例

六、在牛市选啥股

　　牛市和强市一样都是上涨行情，区别在于牛市行情的规模更大，持续时间更长，上涨的股票数量更多，投资者获利更加容易。

　　牛市中由于大部分个股都在上涨，因此获利难度不大，但要获取超过大盘的涨幅，则要精心选股才能获取更好的收益。

1. 选择龙头股

　　龙头股是股市的灵魂和核心，牛市中的龙头股更能起到带领大盘冲锋陷阵的作用，往往在整个牛市中一直向上不回头。一旦龙头股涨势乏力，也许牛市就快到了尽头。投资者只要跟定"龙头"，一般均可收获不菲，而且风险较小。这一选股思路简单易行，尤其对散户投资者来说，可操作性强。

2. 选择强势股

每一轮行情中都有热点产生，强势股与热点是息息相关的。市场热点是强势股的诞生地，而强势股一飞冲天的走势又引发热点炒作行情的深化。市场在变化中发展，热点在市场的变化中交替更迭。以逐利为目标的投机资金与投资资金，也伴随着市场热点的变换而获取最大收益。投资者必须透过现象看本质，抓住市场热点，把握热点板块中的强势股。

在热点中选出强势股是一种行之有效、获利丰厚的方法，因为热点聚集主力的资金，决定着市场运行方向。而投资强势股就要先找准方向，要把握好市场方向就要找准市场热点。

除了是市场热点之外，强势股一般还有以下几个特点：

（1）介入机构的资金实力强大。

（2）公司基本面情况有重大变化或情况良好。

（3）社会公众对该股评价甚高。

（4）该股在拉升前有一段较长的蓄势过程。

七、在筑底行情中选啥股

股市经过一段时间的快速下跌后，会进入筑底行情阶段。筑底行情走势往往震荡反复，这时投资者必须要耐心等待，采用顺应市场趋势的投资理念：在战略上不盲目斩仓，也不急于抄底；在战术上可以用部分资金参与波段操作，在心态上要克服急躁心理，坚定持股信心。

1. 投资者要有耐心

在这种反复筑底阶段中，行情走势往往不够理想，市场中获利机会稀少，获利空间不大。因此，投资者必须要有耐心，细心选择顺应未来行情主流的板块和个股，趁筑底阶段股价不高时买入，并耐心持有。也可以用少量资金积极参与筑底阶段的波段行情，逢下跌时要敢于逢低吸纳，遇反弹上冲时要坚决逢高减磷。既不要畏惧市场的外在走势，也不要过度看多。

2. 辨别真正的突破性上涨行情

在大盘筑底过程中，会有多次脉冲式上涨行情，但真正的突破性上涨行情只有一次。识别上涨行情是否属于突破性质的最重要依据是股价波动幅度和成交量，当波动幅度和能量均不断收缩达到临界点时，所爆发的快速上涨行情属于突破性上涨行情，这时投资者可适当追涨强势股。

3. 稳定心态至关重要

大盘处于筑底阶段时往往走势疲软，投资者的心态比较脆弱，大盘刚一下跌就认为后市下跌空间巨大，慌慌张张地止损割肉。大盘稍有起色时又以为大行情来临，忙着追涨龙头股，往往几个来回下来，不仅资金严重缩水，而且心态更是一蹶不振。

在行情筑底过程中稳定心态至关重要。所谓"万丈高楼平地起"，股市中的上涨行情如同是建筑一栋高楼，这座楼能搭建多高，很大程度将取决于其地基的坚实程度。一轮较有力度的上涨行情，往往需要经过一个持续时间较长、反复构筑、不断震荡夯实的筑底阶段。因此，筑底行情是股市发展的必然过程。有效的筑底往往需要有一定的时间过程，筑底时间的长短取决于做空能量的消耗状况和市场中是否存有大量不确定因素。筑底时间的适当延长不仅有助于夯实底部，使未来行情更有爆发力，也为投资者逢低买入潜力股提供了便利条件。但是，长时间的反复徘徊走势容易给投资者造成心理压力。这时候，投资者必须要克服急躁心理，坚定持股信心，耐心等待行情好转。

4. 选股的主要对象

筑底行情中选股的最大优势在于投资风险远远小于投资收益，选股的主要对象是：

（1）严重超跌。

（2）个股做空动能明显不足。

（3）在筑底过程中有温和放量的态势。

这类个股介入风险相对较小，并且具有较多的中长线机会，特别是已经脱离原来下降通道，目前经过反复筑底的个股，更具有投资价值。

筑底的过程较复杂，在经历了长期深幅下跌之后，无论是大盘还是个股都很难在一次探底中完成底部的构筑。这就决定了投资者在筑底行情中不宜过早地买进。需要将选股环节与买入环节脱离开，选股之后要耐心等待买进的时机。

筑底行情中选择股票，在数量上要少而精。否则，在趋势尚未完全转好的震荡筑底行情中，如果持股种类过多过杂，一旦遭遇突发行情，将会严重影响投资者的应变效率，容易出现失误。

八、在暴跌市选啥股

暴跌行情是一种整体呈现出无抵抗下跌的形势。在这种快速下跌走势中，投资者最关心的是两个问题：一是股市还要跌到什么时候？什么位置？二是应该如何在大跌行情中规避风险或减少损失？

1. 非理性的快速下跌不会长久

对于股市暴跌行情的具体下跌空间，没有人知道股指会跌到什么位置。但是，这种非理性的快速下跌是不可能持续长久的。

因此，在这种市场境况下，仓位较重的投资者不要轻易斩仓。暴跌是投资者最容易恐慌的时候，这时不计成本地盲目斩仓绝对不是好方法。即使对持有的股票感到不满意，也要等到它反弹时再止损，因为非理性下跌的背后往往会很快出现强劲反弹行情。

仓位较轻的投资者不要急于抄底，因为在非理性下跌末期，往往几天的跌幅就能赶上平时几周的跌幅，投资者如果过早介入，就可能导致资金市值快速大幅缩水。投资者不要担心踏空，如果大盘持续走弱，即使在低位买进也一样面临较大风险。

2. 下跌也要选股

很多人认为选股是上涨行情中的事情，下跌了就不用选股了，这是不正确的。在股市中，有跌就有涨，有快跌就有快速反弹，其实这是很自然的规律。市场行情在一轮急跌后也必然会出现一段时间的上涨走势，因此，投资者关注市场资金流向和热点的变化，及早选股是必需的，只有做好准备，才能在其后的反弹或反转行情中把握机会。

在暴跌行情之后，选股要密切关注"四低股票"：低价格、低市盈率、低市净率和低流通市值。

（1）低价格：指的股价相对较低，这很容易理解。

（2）低市盈率：市盈率是指用当前每股市场价格除以该公司的每股税后利润。一般来说，市盈率表示该公司需要累积多少年的盈利才能达到目前的市价水平，所以市盈率指标数值越小越好，越小说明投资回收期越短，风险越小，投资价值一般就越高。

（3）低市净率：市净率指的是市价与每股净资产之间的比值，用当前每股市场价格除以该公司的每股净资产，比值越低意味着持股风险越低，股东所拥有的权益也越多，投资价值也越高。

（4）低流通市值：流通市值是指用当前每股市场价格乘以该公司的流通股数。通常，流通市值越低的股票，主力资金炒作时所用的资金越小，拉升越容易，因而在弱市中表现相对较活跃。

九、在弱市选啥股

在弱市行情中，投资者要重点关注超跌股。近年来，超跌股常常在市场调整的间隙中异军突起，在投资者的不经意间发动涨幅惊人的行情。超跌股的股价因为严重超跌，离底部区域较近，安全性相对较好。而且离套牢密集区较远，上行阻力小，个股做空能量得以大规模释放，一旦大盘企稳，超跌股往往率先止跌反弹，反弹时力度较强。因此，投资者有必要重视超跌股的选股技巧和投资策略。

投资者在选择超跌股时要重点关注以下三类超跌股。

1. 股价遭到刻意打压的超跌股

当一只个股已经到了跌无可跌的境地时，却仍然遭到肆意打压，这时做空的动力来自何方？空方的动机何在？这实在值得投资者反思。有时主力资金的刻意打压行为往往能从反面揭示个股的投资价值，从而给投资者提供最佳的建仓时机。对于有主力刻意打压迹象的超跌股，投资者要勇于介入。

2. 低迷市道上市的次新类超跌股

在行情低迷市道上市的次新股，由于缺乏实力资金的关照，往往定位偏低，上市后会因大盘下跌的拖累，使得股价严重超跌。这类个股往往蕴藏着超级"黑马"，投资者需要重点关注、积极参与。

3. 关注绩优类超跌股

市场持续下跌中，有些绩优股受市场环境拖累，也一度遭到恐慌盘的抛售，使得股价严重背离投资价值或投机价值，这类超跌股是稳健型投资者最值得关注的优良品种。

投资者在选择超跌股时还要注意回避以下三类高风险的超跌股：

（1）问题类超跌股。例如，董事长神秘失踪的啤酒花，股价连续跌停中成交仅数十手，深陷其中的投资者根本没有出逃的机会，这类个股即使超跌，也不宜买入。

（2）业绩大幅滑坡造成的超跌股。特别是一些原本业绩优良的上市公司，由于种种原因，业绩突然大幅滑落、亏损数额过大的超跌股，投资者不宜投资。

（3）庄家入驻时间过长的老庄股。这类股常常会因为资金链断裂以及庄家获利极为丰厚等原因出现大幅跳水行情，股价往往是超跌之后还能继续下跌，对于这类超跌股，稳健的投资者应该回避。

此外，还有一类成为市场风险和机遇聚焦点的超跌股，就是绩差类超跌股，如各种戴帽戴星的ST类股，这类个股因为业绩较差，面临着停市摘牌等不确定因素，存在一定风险。但这类个股往往和市场主流热点之间形成跷跷板走势，因而具有丰富的短线获利机会。这类超跌股短线虽然能快速上涨，但行情持续性不强，不具备市场号召力，难以形成主流强势板块，投资者在参与时一定要注意以短线操作为主，快进快出，注意控制风险。

十、在熊市选啥股

熊市和弱市是一样的，都是下跌行情，只是熊市行情的下跌幅度更大，持续时间更长，下跌的股票数量更多，投资者普遍陷入套牢和亏损境地。

熊市中选股的难度要远远大于牛市及盘整市道时，因为大盘在不断下跌，大部分个股的走势也是逐级向下，只有极少数个股逆势上扬。但由于目前股票数量众多，每家上市公司面临的发展前景和消息都不同，因此，即使在熊市中仍然会有牛股出现。

在熊市行情中，最值得关注的潜力个股品种有三类：低定位次新股、跌幅较深的绩优股和先锋型股票。

1. 低定位次新股

因为市场行情低迷，股市存量资金严重匮乏，加上新股发行提速等因素，使新股上市首日涨幅也日渐减小，有时能够从100%左右的涨幅下降到新股上市仅有10%~30%的涨幅。新股的低定位孕育着投资机遇，在降低一级市场利润的同时，也为未来发动行情提供了涨升空间。

2. 跌幅较深的绩优股

所谓"涨时重势，跌时重质"，在熊市末期或刚刚向牛市转化期间，选股时要关注个股业绩是否优良，是否具有成长性等基本面因素。对于有业绩支撑，在刚刚公布的中报中有良好的分配方案的个股要重点关注。对于受"见利好就出货"的固化思维影响而遭到投资者抛售的绩优股，如果确认其具有投资价值或投机价值，而且价格已经远远背离其价值的，要果断介入，中长线持有。

3. 先锋型股票

从个股动向分析，当大盘处于底部区域时，要特别关注个股中的先锋型股票，对于此类先于大盘企稳、先于大盘启动、先于大盘放量的个股要密切跟踪观察。由于这类个股中往往隐藏着市场主流资金，而且其中的主力由于种种原因对市场未来趋势变化会有敏锐的"感觉"，所以，未来行情中的主流热点往往会在这类股票中崛起。

在操作中要注意采用快进快出、短线出击的方式，在熊市中不要采用长线投资，因为这样操作的系统性风险很高。熊市中真正能长期抗跌或上涨的品种比较少，热点持续性差或难以形成板块效应。因此，对热点板块、热点股票要展开快进快出的操作，这样既可以减少持股时间，也可以获得一定的收益。

投资实例：2006年8月18日上市的中国国航发行价是2.8元，上市后竟然跌破发行价，最低达到2.74元，成为当年唯一跌破发行价的新股。但此后该股走出持续上升行情，一年后股价达到30多元，过低的定位最终引发了中国国航的长期慢牛行情。如图6所示。

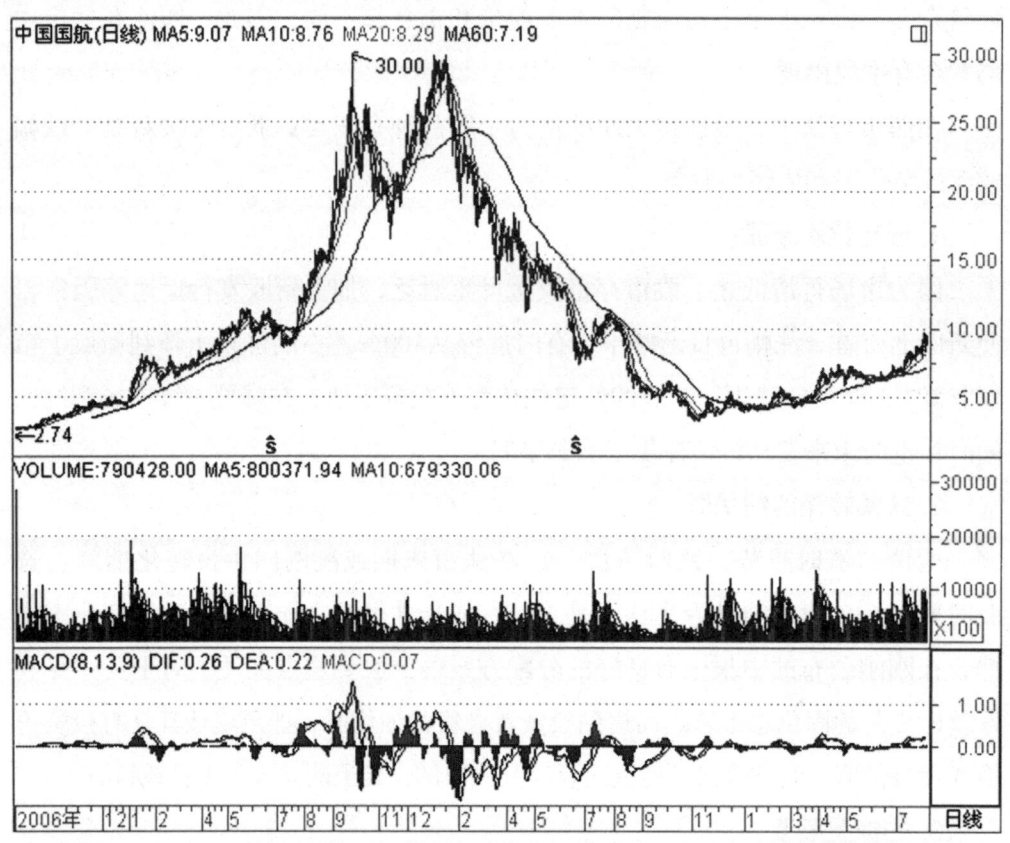

图6   "慢牛"形态

十一、在调整结束时选啥股

股市中的每一轮调整都孕育着新一轮行情，只有在调整结束时积极选股，在趋势转好时及时买入，才能避免在随后的上涨行情中追涨杀跌、疲于奔命。

1. 在调整结束之前做好选股准备

股市的大起大落，犹如大浪淘沙，拂去泡沫，滤去沉沙，才见真金。有些"领头羊"个股和强势板块往往在大盘调整时更容易识别。

投资者需要早做准备，及时研判在下一轮行情中到底哪些个股可以成为龙头股和领军板块，以便在行情再次启动之际，能够迅速介入，准备迎接新一轮行情的到来。

2. 在调整结束时确定选股方向

当大盘结束强势调整，市场整体趋势转暖时，投资者需要依据当前的市场环境，关注近来走势强于大盘，未来有可能成为领涨类个股的市场热点，择机介入。重点选择涨势强盛个股、次新股，特别是在大盘调整阶段上市的、定位较低的次新股。

选股时投资者还要根据调整市的特点选择一些绩优蓝筹股，因为有许多投资价值和投机价值俱佳的个股在牛市中往往是高处不胜寒，而在调整市中却常常有非常低廉的价格呈现，出现很好的介入时机，投资者不应忽视这种机会的存在。

如图7，大盘在经历了2008年大跌后在2008年11月调整结束，而北京银行（601169）提前在9~10月就探底企稳。在大盘从1664翻倍到3328时，该股已经从6元跃上18元。

图7 探底企稳案例

十二、在反弹行情中选啥股

反弹行情中选股十分重要，在反弹行情中投资者要重点关注以下几种股票。

1. 超跌类个股

投资者可以关注一些严重超跌股。这类个股股价跌幅较深，但是基本面情况较好，股价的实际下跌动力并不强，只是因为受到大势疲弱的影响，个股如同是被压紧的弹簧一样潜伏在低价区。这类个股所积蓄的反弹动能十分强烈，往往能爆发出强劲的上涨行情。

但是，值得注意的是超跌股按照其下跌形态的不同，可以分为两种：一种是股价短期快速、连续性暴跌形成的超跌股，另一种是经过长期缓慢盘跌逐渐形成的超跌股。通常暴跌形成的超跌股所产生的反弹行情远远强于盘跌形成的超跌股所产生的反弹行情，因此，在选股时要重点选择前一种超跌股。

2. 无量下跌股

一些业绩优良、价值严重被低估的个股在几乎不存在抛盘压力的情况下仍然无量持续性下跌，其原因主要是有庄家刻意打压或受大盘极度低迷拖累，一旦大势企稳反弹，前期曾经无量下跌的个股往往表现得弹性十足，使选中该类个股的投资者获利相对轻松。

3. 定位偏低的次新股

由于行情的影响，部分上市时间不长的次新股，没有受到主力资金的关照，股价没有得到充分炒作，造成上市次新股整体定位偏低，给后市行情的发展留出了空间。此外，次新股没有多少上档套牢盘，也减轻了其上升阻力。因此，一旦大盘出现反弹行情，次新股就成为主流资金积极参与的品种。

4. 领先反弹的个股

投资者宜选择那些先于大盘企稳、先于大盘反弹的个股介入。这样，当整体趋势走强时，该类个股往往已有波段盈利垫底，无论将来行情是大还是小，也无论是反弹还是反转，投资者都可以应对自如。但在参与这类个股炒作时，关键是及早操作，往往在大盘处于下跌趋势中就要选股，在大盘企稳时就要介入，而当大盘走高后，投资者可以根据对大势研判的结果选择卖出的时机。

5. 活跃的小盘股

投资者必须明确参与反弹行情是一种短线炒作行为，而不是一种长线行为。选股时要重点关注个股的短线投机价值，而非投资价值。因此，尽量不要选择具有投资价值但股性迟钝的蓝筹类个股或低价的大盘指标股，要注意选择流通盘较小、股性活跃的投机类个股。

如图8，维维股份（600300）在5.30行情中暴跌，属于短期内超跌个股，如同是被压紧的弹簧一样在8元的低价区。所积蓄的反弹动能十分强烈，在随后的几个交易日内爆发出强劲的上涨行情，拉出11根阳线，从最低的7.56元上升到10.58元。

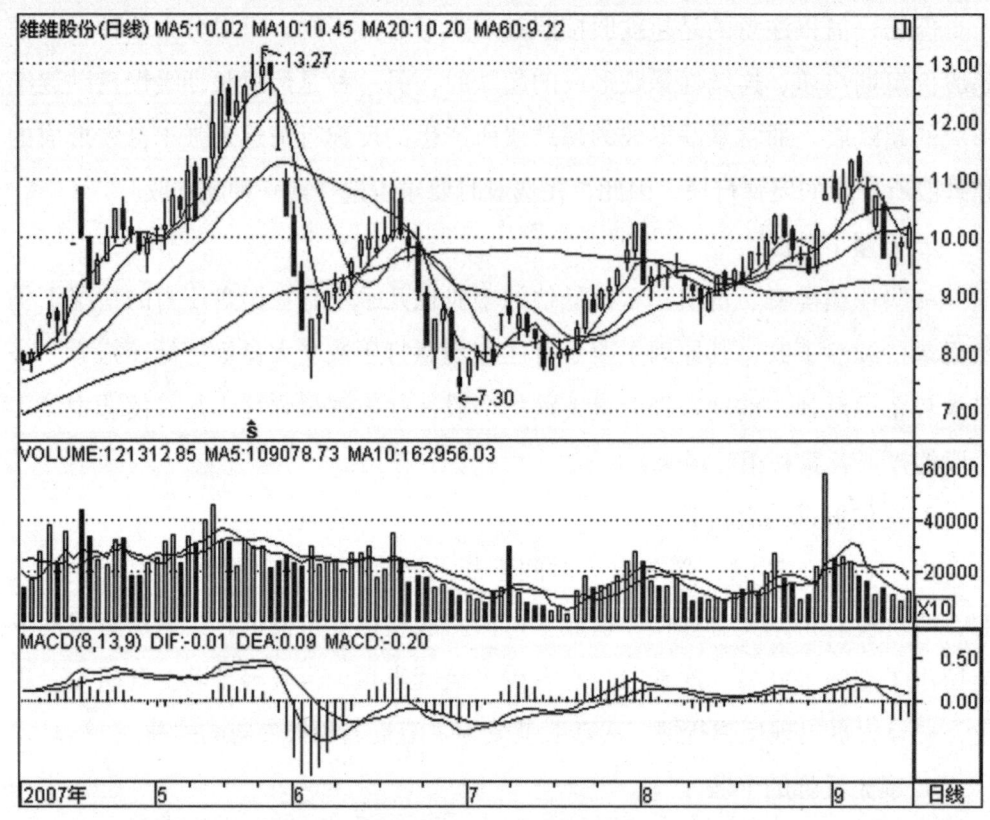

图8 活跃的小盘股案例

十三、在横盘行情中选啥股

平衡市是指大盘指数运行趋势没有上涨或下跌的趋势，而是呈现出水平方向运动；有时大盘在两条平行的区间内反复震荡，如所形成的箱体运动等。这时投资者要紧扣热点，转变选股思路，并做好以下几个方面的准备。

1. 选实质性题材股

一些实质性题材股往往会得到新资金的青睐，并伴随着成交量的持续放大反复走强。这从侧面反映出市场主力资金的择股标准已经发生了重大的变化，长期以来形成的价值投资理念正在被市场重新赋予新的认识，上市公司的成长性正成为主力资金选择建仓品种时的重要参考依据。

2. 选股不要偏离业绩主线

业绩增长预期成为影响平衡市场走势的重要因素。近年来，观察平衡市中走强的品种，很大部分都是具有良好中报或年报业绩预期的品种。

虽然在平衡市中热点此起彼伏，板块轮动似乎杂乱无章，但其中始终围绕着一条主线，那就是"业绩"主线。所以，投资者在选股中要紧紧地把握这条行情主线，对于业绩较好的个股，不妨乘其股价不高时主动买进，这种方法更加有效、安全，获利也更丰厚。

3. 不要盲目追涨价值高估的蓝筹股

蓝筹股是近年来市场的投资焦点，但蓝筹股的范畴较大，包含的个股较多。投资者必须对该板块加以细分。在近年来的蓝筹股行情中，部分蓝筹股的股价上升过快，有的个股在短期内股价实现翻番，有的市盈率已经过高。

蓝筹股行情发展的根本在于其投资价值的发现，一旦出现价值高估的现象，就会失去继续涨升的根本动力。所以，在中继型震荡行情中蓝筹股出现分化，部分价值高估的蓝筹股出现回落是必然的现象，投资者在选择蓝筹股时要仔细鉴别，不要盲目追涨。

4. 不要贪图边缘化个股的便宜

与蓝筹股的火爆行情形成鲜明对比的是，部分庄股和即将退市的ST类个股却一跌再跌，有些个股早已严重超跌，股价屡屡创出新低，但每一次短暂企稳后，又会面临新的一轮抛盘。这表明投资者的理念已经趋于成熟，股市也正在向成熟化发展。市场的价格体系正在发生根本性变化，结构性调整将进一步深化，股价的两极分化现象将日益突出。因此，千万不能贪图一时的便宜，对于正在边缘化的个股（包括庄股、即将退市的ST类个股、绩差股等）要以回避为上。

5. 平衡市中根据不同的操作方式选股

（1）波段操作。平衡市中套利的最主要形式就是高抛低吸的波段操作，至于高低的标准要参考三种技术指标，分别是布林线指标、中轴线指标和箱体运动的箱顶和箱底位置。

当股指跌穿中轴线指标，到达箱底位置并且获得布林线的下轨线支撑时，投资者可以分批逐步建仓；当股指穿越中轴线指标，到达箱顶位置遭遇到布林线的上轨线时，投资者应该果断地一次性卖出。

对于波段操作的选股，主要选择在筑底阶段有放量现象，箱体运动规律较明显的个股。

（2）长线持有。虽然大盘表现出明显的箱体运动规律，但是小部分强势股却依然维持其强劲走势：大盘涨，这类个股领涨；大盘跌，这类个股也能保持强势。手中持有这类强势股的投资者应该抛开大盘箱体运动的影响，以轻指数、重个股的态度长线持有。

对于长线持有的选股，投资者千万不能选择有庄家长期入驻的抗跌股，而是要重点选择有投资价值、符合市场潮流的绩优蓝筹类个股。

（3）继续等待。平衡市中的箱体运动不是股市唯一的选择，突破将是最终的结果。无论大盘向哪个方向突破，都将产生一定的爆发力和新的市场热点。稳健的投资者可以采用等待的方法，耐心地等待市场做出选择，然后再根据当时的市场情况进行选股操作。

十四、在行情异动时选啥股

所谓异动股，是指与大盘走势不同的另类个股。例如，大盘跌，异动股逆市飘红；大盘涨，异动股却走出自己的独立行情。异动股属于特殊个股，或量异动，或价异动。异动股风险较大，但收益也较多。

每周每日甚至每时都有异动股，这其中有不少是游资的短线杰作，真正从中产生的中长线的"黑马"并不多，多数股票只不过是昙花一现。

个股股价出现大幅上涨的过程中常常有各种各样的异动，在异动股中选股的方法如下：

（1）量为价先，先见量，后见价。如果股票在低价圈内频频放量，就要引起重视，将其列入自选股范畴。

（2）结合盘中热点及其转换趋势，如果不属于前期被过度热炒过的个股，可以视为新资金入注。

（3）对其基本面进行分析，了解其所有信息，从中挖掘主力可能借题发挥的题材。

（4）一般来说，中小盘股异动股行情比较火爆，因为一旦大资金控盘，其拉抬相对较为轻松，所以投资异动股尽量选择小盘股。

（5）从介入时间上讲，不要奢望买到最低价，待其一浪升起，开始强势回调缩量企稳后，并且显露出即将再次上涨的时候介入。

（6）从走势上讲，强势回调阶段上涨放量，下跌缩量，有时日K线显得股价十分疲弱，使投资者产生恐惧念头，但只要均线组合是强势形态，投资者就可打消顾虑。

（7）持续放量是关键，但量能也不能单日放得过大。可关注换手率，只有具备成交活跃的换手率，股价才能持续走强。

（8）异动股与大盘的关系既有吻合之处，又能跑赢大盘。可是，到了异动股演变成加速上涨的明星股时，往往就是主力派发之时。

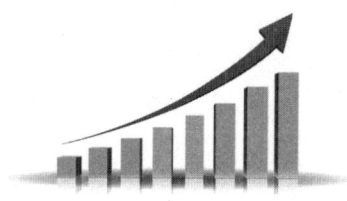

技术形态选股法

一、"头肩底"形态选股

"头肩底"形态在底部形态分析中占有相当重要的地位,一个真正完善有效的形态形成之后,能量是相当巨大的。能够正确认识到"头肩底"形态并及时介入的投资者,获利是相当丰厚的。

"头肩底"形态特征:

(1)股价经过长期下跌,成交量相对减少,接着出现反弹(次级上升),成交量没有显著增加,形成左肩。

(2)然后股价第二次下跌,其价格低于左肩的最低价,而其成交量在下跌过程中未减少,甚至增多,在低价盘旋时成交量则迅速萎缩,然后一口气回升至越过左肩底价价位,成交量迅速增加,大于形成左肩的成交量,形成头部。

(3)股价第三次下跌,成交量很明显地小于左肩和头,当股价跌至左肩低点附近并止跌(即未能创出新低),随后,股价反转向上,形成右肩。

(4)由左肩高点至右肩画一条连线,谓之颈线。最后,股价在巨量的推动下,一举突破颈线,当收盘价突破幅度超过3%以上时为有效突破,"头肩底"形态成立。

(5)突破之后通常有回抽,伴随成交量明显萎缩,回抽在颈线上方自然止跌;然后再次上扬。

股价长期下跌之后,出现一次反弹,说明买方已初具抵抗能力。由于下跌趋势并未改变,所以股价二次下跌。第二次下跌创出新低并出现恐慌性抛售,同时很快回升,反映出下跌能量已充分释放。第三次下跌未能达到头部低点即获支撑并回升,说明买方力量已占上风,趋势已有发生逆转的倾向。当两次反弹形成的高点连线(即颈线)被放量突破后,显示多方已控制大局,向上趋势确立。

利用"头肩底"寻找明星股时要注意以下几种技巧:

（1）"头肩顶"和"头肩底"的形状差不多，主要的区别在于成交量方面。

（2）当"头肩底"颈线突破时，就是一个真正的买入信号，虽然股价和最低点比较，已上升一段幅度，但升势只是刚刚开始，尚未买入的投资者应该继续追入。其最少升幅的量度方法是从头部的最低点画一条垂直线相交于颈线，然后在右肩突破颈线的一点开始，向上量度出同样的高度，所量出的价格就是该股将会上升的最小幅度。

当颈线阻力突破时，必须要有成交量激增的配合，否则这可能是一个错误的突破。不过，如果在突破后成交逐渐增加，形态也可确认。

（3）一般来说，"头肩底"形态较为平坦，因此需要较长的时间来完成。

（4）在升破颈线后可能会出现暂时性的回跌，但回跌不应低于颈线。如果回跌低于颈线，又或是股价在颈线水平回落，没法突破颈线阻力，而且还跌低于头部，这可能是一个失败的"头肩底"形态。

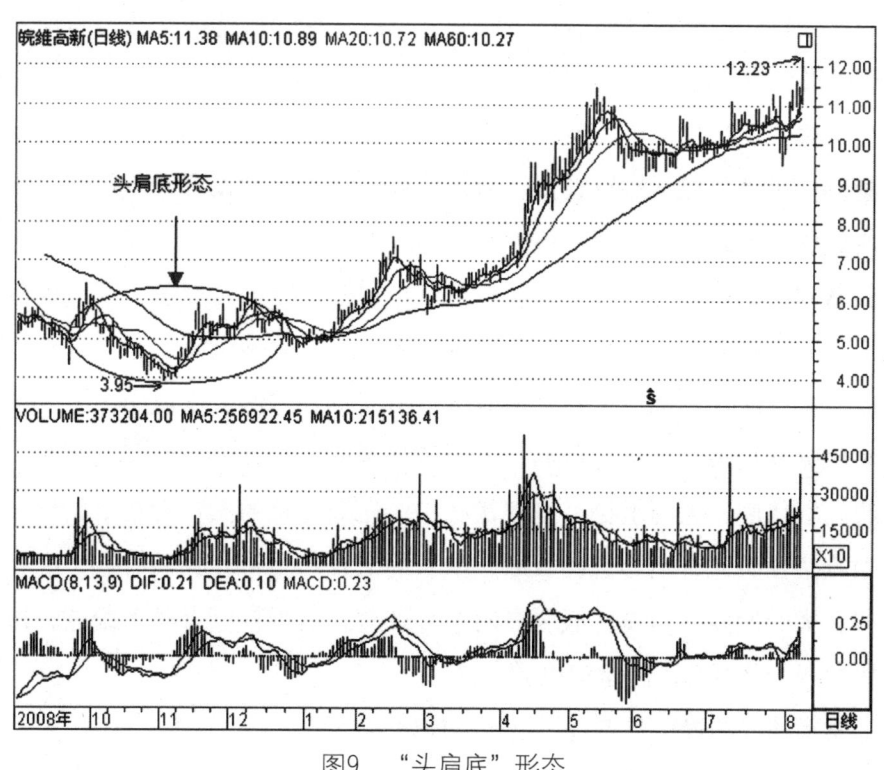

图9 "头肩底"形态

（5）"头肩底"是极具预测威力的形态之一，一旦获得确认，升幅大多会多于其最少升幅的。

如图9，皖维高新（600063）在2008年10月6日走出反弹高点，在K线图上形成"头肩底"的左肩，11月5日探底，在K线图上形成"头肩底"的头部。2008年12月9日走出反弹高点，在K线图上形成"头肩底"的右肩，形成一个完整的"头肩底"形态，此后该股逐步上扬，升幅达到300%以上。

二、"潜伏底"形态选股

股价在一个极狭窄的范围内横向移动，每日股价的波幅很小，且成交量亦十分稀疏，仿佛冬眠时潜伏在底部的蛇，这种形态称之为潜伏底。通常潜伏底的时间比较长，但是其突破后产生的成交量的激增和股价的暴涨也是惊人的。所以股谚说：潜伏底，横有多长，竖有多高。

潜伏底大多出现在市场疲弱之时或一些股本小的冷门股上。由于这些股票流通量少，而且公司不注意宣传，前景模糊，结果受到投资者的忽视，稀少的买卖使股票的供应十分平衡。持有股票的人找不到急于沽售的理由，有意买进的也找不到急于买入的理由，于是股价就在一个狭窄的区域里一天天地移动，既没有上升的趋势，也没有下跌的迹象，表现令人感到沉闷，就像是处于冬眠时期的蛇虫，潜伏不动。最后，该股突然出现不寻常的大量成交，原因可能是得到某些突如其来的消息，例如，公司盈利大增、分红前景好等的刺激，股价快速脱离潜伏底，大幅上扬。在潜伏底中，先知先觉的投资者在潜伏形成期间不断做收集性买入，当形态突破后，未来的上升趋势将会强而有力，而且股价的升幅甚大。所以，当潜伏底明显向上突破时，值得投资者马上跟进，跟进这些股票利润十分可观，风险却很低。

通常潜伏底的投资要点包括以下三种情况：

（1）潜伏底形成时间较长。

（2）投资者必须在长期性底部出现明显突破时方可跟进。突破的特征是成交量激增。

（3）在突破后的上升途中，必须继续维持高成交量。

如图10，熊猫烟花（600599）在2009年3月至7月底的长时间内窄幅横盘，而同期大盘从2100点上升到3400点，升幅超过60%，熊猫烟花的众多散户一般很难承受如此沉闷的个股行情从而纷纷抛出。而庄家通过这种长期的潜伏底吸纳了大量筹码，终于在8月初拔地而起，成为耀眼明星。

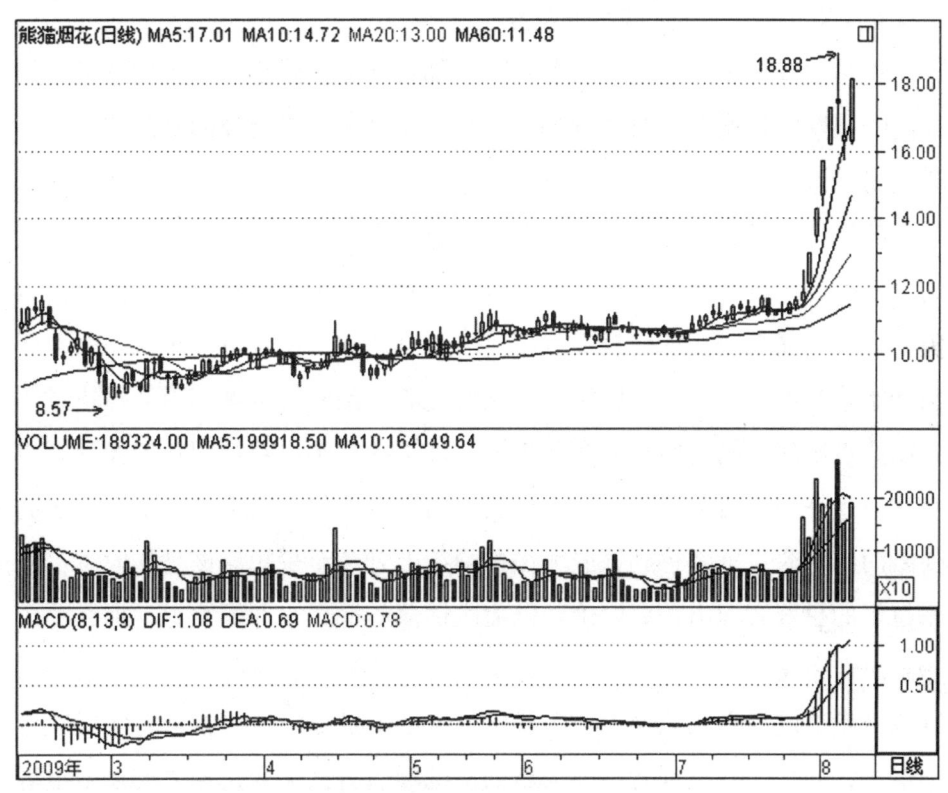

图10　"潜伏底"形态案例

三、"双重底"形态选股

一只股票上升到某一价格水平时，出现较大成交量，股价随之下跌，成交量开始减少。接着股价又升至与前一个价格几乎相等的顶点，成交量再次随之增加却不能达到上一个高峰，接着第二次下跌，股价的移动轨迹就像一个"M"字。这就是双重顶，又称"M"头走势。

股价持续下跌一段时间后，出现了技术性反弹，但回升时间幅度不大，然后又出现下跌，当跌至上次低点时却获得支撑，再一次回升，这次回升时成交量要大于前次反弹时的成交量。股价在这段时间的移动轨迹就像一个"W"字，这就是双重底，又称"W"底走势。

无论是"双重顶"还是"双重底"，都必须突破颈线（双头的颈线是第一次从高峰回落的最低点；双底的颈线就是第一次从低点反弹的最高点），形态才算完成。

股价持续上升为投资者带来了相当丰厚的利润，于是他们卖出，这一股卖出力量令上升的行情转为下跌。当股价回落到某一水平，吸引了短期投资者的兴趣，另外早前卖出获利的投资者也可能在这一水平位置再次买入补回，于是行情开始回复上升。但与此同时，对该股信心不足的投资者会因觉得错过了在第一次高点出货的机会而马上在此出货，加上在低水平获利回补的投资者也同样在这一水平位置再度卖出，强大的卖出压力令股价再次下跌。由于两次高点都受阻而回，令投资者感到该股无法再继续上升（至少短期该是如此）。假如越来越多的投资者卖出，令股价跌破上次回落的低点（即颈线），那么整个双头形态便告完成。

双底走势的情形则完全相反。股价持续的下跌令持股的投资者觉得股价太低而惜售，而另一些投资者则因为新低价的吸引尝试买入，加之前期做空者也在低位回补，于是股价呈现回升态势。当上升至某水平时，短线投机买入者获利回吐，那些在跌市中持货的也趁回升时沽出，因此股价又再一次下挫。但对后市充满信心的投资者觉得他们错过了上次低点买入的良机，所以这次股价回落到上次低点时便立即跟进。当越来越多的投资者买入时，求多供少的力量便推动股价扬升，而且还突破上次回升的高点（即颈线），扭转了过去下跌的趋势，新的上升开始了。

双头或双底形态是一个转向形态。当出现双头时，即表示股价的升势已经终结；当出现双底时，即表示跌势告一段落。通常这些形态出现在长期性趋势的顶部或底部，所以当双头形成时，我们可以肯定双头的最高点就是该股的顶点；而双底的最低点就是该股的底部了。

当双头颈线被跌破，就是一个可靠的出货信号；而双底的颈线被冲破，则是一个入货的信号。

应对双重底和双重顶的策略如下：

（1）双头的两个最高点并不一定在同一水平，两者相差少于3％是可接受的。通常来说，第二个头可能较第一个头高出一些，原因是看好的力量企图推动股价继续上升，可是却没法使股价上升超过3％的差距。一般双底的第二个底点都较第一个底点稍高，原因是先知先觉的投资者在第二次回落时已开始买入，令股价没法再次跌回上次的低点。

（2）双头最少跌幅的量度方法，是由颈线开始计起，至少会再下跌从双头最高点至颈线之间的差价距离。双底最少涨幅的量度方法也是一样，双底的最低点和颈线之间的距离，是股价突破颈线后至少会升高的长度。

（3）形成第一个头部（或底部）时，其回落的低点约是最高点的10％~20％（底部回升的幅度也相当）。

（4）双重顶（底）不一定都是反转信号，有时也会是整理形态，这要视两个波谷的时间差决定。通常两个高点（或两个低点）形成的时间相隔超过一个月。

（5）双头的两个高峰都有明显的高成交量。这两个高峰的成交量同样尖锐和突出，但第二个头部较第一个头部的成交显著为少，反映出市场的购买力量已在转弱。双底第二个底部成交量十分低沉，但在突破颈线时，必须得到成交量激增的配合方可确认。双头跌破颈线时，不需成交量的上升也应该信赖。

（6）通常突破颈线后，会出现短暂的反方向移动，称之为反抽，双底只要反抽不低于颈线（双头之反抽则不能高于颈线），形态依然有效。

（7）一般来说，双头或双底的升跌幅度都较量度出来的最小升跌幅为大。

如图11，惠泉啤酒（600573）股价经过2008年熊市的长时间下跌后，在2008年10月13日到达最低点4.07元，此后出现了技术性反弹，但回升时间幅度不大，10月31日最高价5.26元，然后又出现下跌，当跌至上次低点时却获得支撑，再一次回升，这次回升时成交量要大于前次反弹时的成交量。股价在这段时间的移动轨迹形成一个标准的双重底，此后逐步攀高。

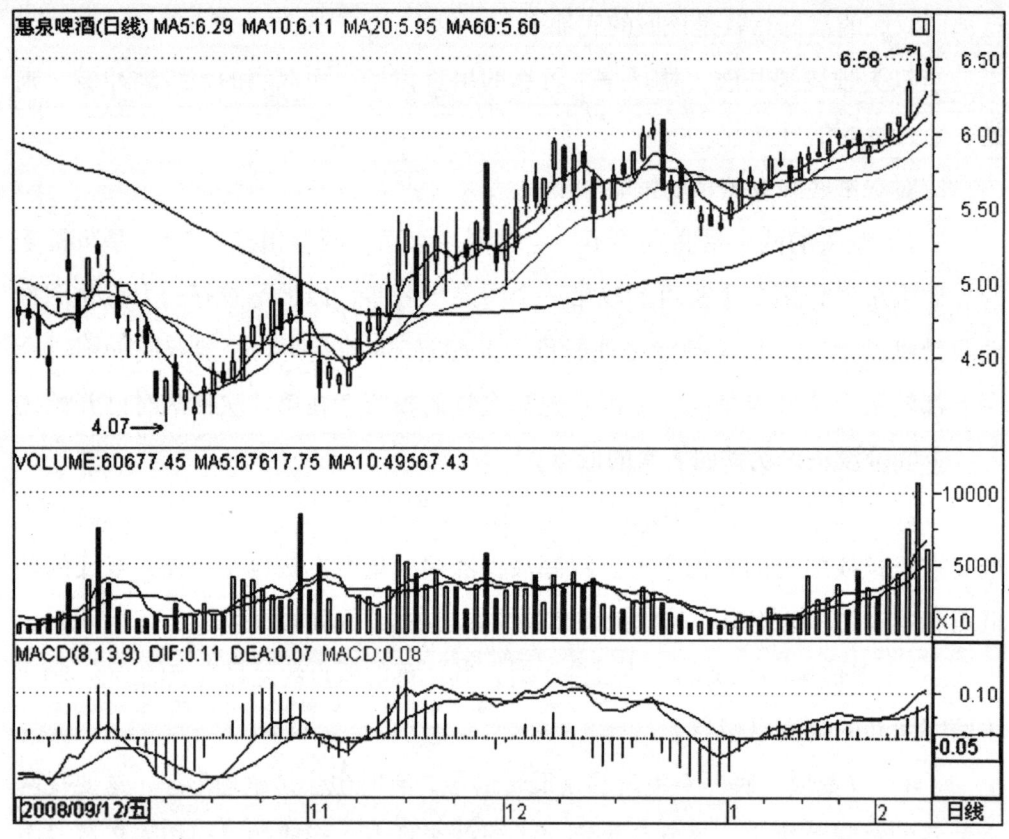

图11 "双重底"形态案例

四、"圆弧底"形态选股

　　圆弧底是指股价位于低价区时，K线的均价连线呈圆弧形的底部形态。这种形态的形成原因，是由于有部分做多资金正在少量逐级温和建仓造成的，其内涵是股价已经探明阶段性底部的支撑位。它理论上的涨幅通常是最低价到颈线位间涨幅的一倍。

　　圆弧底的形态具有以下特征：

　　（1）股价处于低价区。

（2）股价变动简单且连续，先是缓缓下滑，而后缓缓上升，K线连线呈圆弧形。

（3）成交量变化与股价变化相同，先是逐步减少，伴随股价回升，成交量也逐步增加，同样呈圆弧形。

（4）耗时较长。

（5）"圆弧底"形成末期，股价迅速上扬形成突破，成交量也显著放大，股价涨升迅猛，往往很少回档整理。

一般来说，圆弧底形态形成之前，一些主力资金发现了市场未来将有可能具备某种投资价值，此时股价处于一个相对稳定的价格区域内。而为了能吸纳到更多、更便宜的筹码，这些主力资金便有计划地利用前期控制的筹码进行刻意地打压，并击穿市场中的重要支撑位置，使市场形成一种空头的气氛。正是由于重要支撑位的跌破，市场受到止损行为的影响，成交量在形态形成之初出现了剧烈的放大，此时主力并不会有意进行护盘，因而股价也不会出现较大的反弹，反而只是在震荡中市场的重心逐步下移，使投资者越补仓越被套，个股中几乎没有赚钱的机会。在经过相当长的时间来磨灭投资者的信心后，投资者参与投资该股的兴趣逐渐减小，成交量也从开始的放大逐步萎缩。参与的人越少，股价更是向下寻找底部的位置，正是这种循环导致股价不断下跌，离场的人越来越多。此时主力也已完成了初步的吸纳过程。当股价调整到一个相对低的位置时，市场中的惜售心理已非常浓厚，股价下跌的动力越来越弱，当成交量开始保持在一个相对稳定的萎缩状态，主力无法再吸纳到更多的筹码时，这时候一般意味着一个巨大的升势即将开始，投资者可在成交量放大时做买进动作。

在圆弧底的翘边上买入股票，需要注意的是：

（1）要寻找构筑圆弧底时间相对较长的个股，因为时间越长，底部基础越扎实，日后下跌的可能性越小。

（2）要寻找圆弧底的右翘边还在低价区的个股，免得在股价已经大幅涨高以后容易出现调整走势。

（3）要在低价区、股价刚刚在右翘边上买入，也还是要在靠近30日均线时下单买入，尽可能买到相对低价。

圆弧底的最佳买入时机是在圆弧底右边往上微微翘起的时候。

历史多次证明，在圆弧底构筑成功之后，其股价一般都沿着翘涨的惯性不断地往上冲，直至出现暴涨。在其右边往上翘涨的过程中，一般有好几个交易日，每天的K线不是大涨的长阳线，涨、跌幅也都很小，整体呈现温和上涨、温和放量态势。在此期间，任何价位和任何时刻买进都是正确的。

这是因为大、中型圆弧底的构筑时间都很长，是在成年累月的走势中形成的，而且大多在行情的最底部，有的甚至是在历史的大底部形成的，并且这个圆弧底是告别最低位后才往上走的，即形成翘边形态的时期。这就排除了再次大跌的可能性，是风险较小而机会较大的时期。

圆弧底的操作策略如下：

（1）圆弧底是易于确认和非常坚实与可靠的底部反转形态，一旦个股左半部完成后股价出现小幅爬升，成交量温和放大形成右半部圆形时便是中线分批买入时机，股价放量向上突破时是非常明确的买入信号，其突破后的上涨往往是快速而有力的。因此可见，在圆弧底末期应是最佳买入时机。

（2）圆弧底重要的特征就是股价在大幅下跌之后，在构筑底部的过程中，股价和成交量的变化均呈现圆弧状且完成的时间较长。

（3）由于圆弧底易于辨认，有时太好的圆弧底反而被主力利用来出货形成骗线。像某些个股除权后在获利丰厚的情况下，庄家就是利用漂亮的圆弧底来吸引投资者。因此，如果公认的圆弧底久攻不能突破或突破后很快走弱，特别是股价跌破圆弧底的最低价时仍应止损出局观望。

如图12，江苏通润（002150）在2008年下半年大幅下跌之后，在构筑底部的过程中，股价和成交量的变化均呈现圆弧状，且完成的时间较长，成交量温和放大形成右半部圆形，此时便是中线分批买入时机。该股从6.1元启动，9个月内涨幅超过100%，大大跑赢大盘。

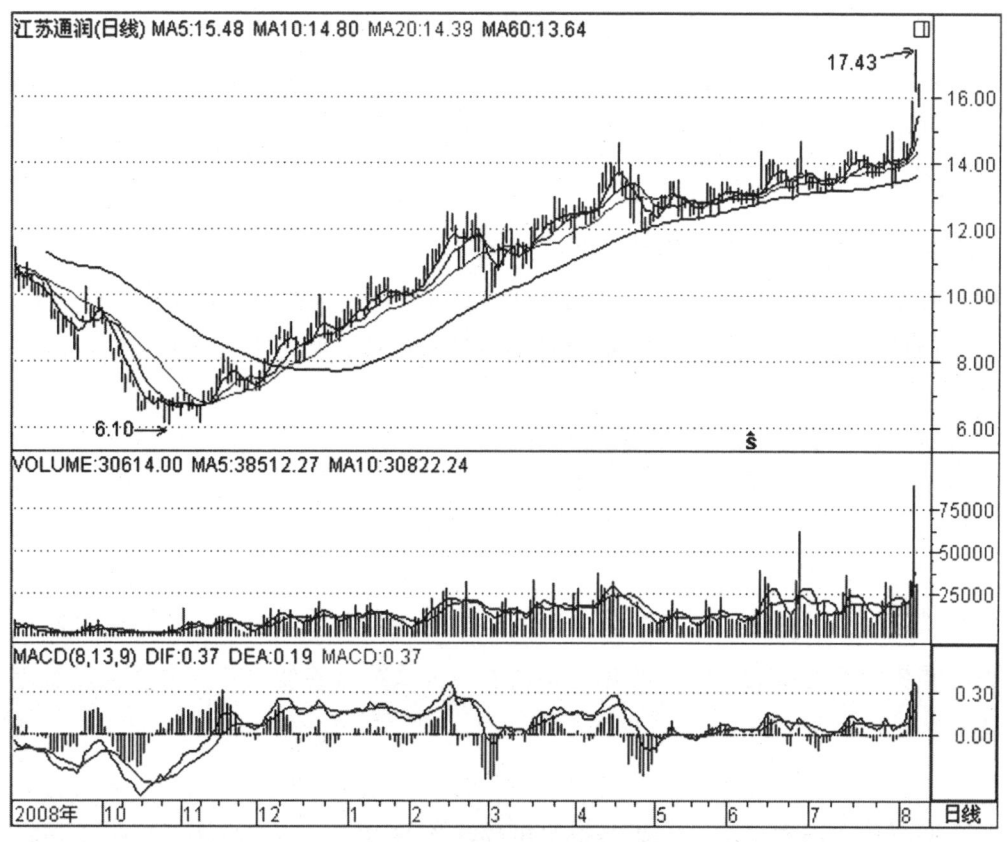

图12 "圆弧底"形态案例

五、V形反转选股

V形底形态，是指股价先一路下跌，随后股价一路攀升，底部为尖底，在图形上就像英文字母V一样。其形成时间最短，是研制最困难、参与风险最大的一种形态。但是这种形态爆发力强，可在短期内获取暴利，它的产生原因是市场受利空打击或其他意外情况影响造成恐慌性抛售，引起股价超跌，从而产生报复性的反转行情。

股价在下跌趋势中，由于市场看空的气氛使得股价下挫的速度越来越快，最后出现恐慌性杀跌，空头得到极度宣泄之后，股价走势出现了戏剧性的变化，股价触底后便一路上扬，这样就产生了V形走势。股价在上涨趋势中，由于市场看好的气氛使得买盘强劲增多，股价上涨的速度越来越快，最后出现宣泄式暴涨，多头得到极度宣泄之后，便出现了危机，短线客见股价上涨乏力便会反手做空，这种现象越演越烈，股价走势也出现了戏剧性的变化，股价触顶后便一路下跌，这样就产生了倒V形走势。

V形底的投资策略为：V形底最佳买点是低位放量跌不下去回升初期，或是放量大阳的转势时。

在操作中需要把握以下投资要点：

（1）股价涨幅，一般来讲，短期内上涨幅度越大、动力越强，出现V形反转的可能性也越强，超过4%以上的巨阳或巨阴往往成为很好的配合证据。

（2）成交量放大，正V形反转在转势时成交量要明显放大，价量配合好，尤其转势前后交投的放大，实际上是最后一批杀跌盘的涌出和实力资金接盘造成的。

（3）依托均线，均线具有显著的判断趋势运行的功能，投资者需要结合短中长期的均线进行研判。如果股价突破均线系统以后，中短期均线能够迅速转向，将有利于股价的进一步上升。

如图13，建投能源（000600）在2008年下半年市场看空的气氛使得股价前期下挫的速度越来越快，最后出现恐慌性杀跌，空头得到极度宣泄之后，于2008年10月29日探底到3.5元，股价触底后便一路上扬，股价在上涨趋势中，市场看好的气氛使得买盘强劲增多，股价上涨的速度越来越快，最后出现宣泄式暴涨，这样就产生了V形走势。

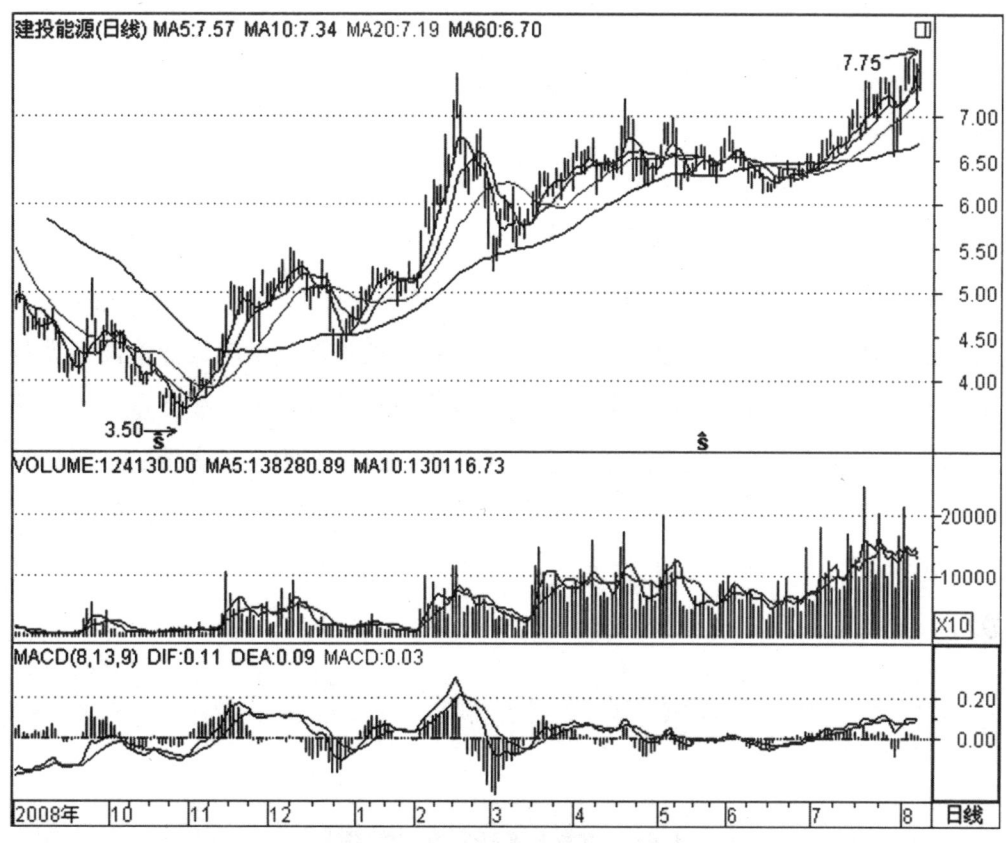

图13 "V形底"形态案例

六、三角形反转选股

常见的三角形反转图形有对称三角形、上升三角形和下降三角形。

在股价形成对称三角形的过程中，由于买卖双方势均力敌，并对股价的变化持观望态度，其成交量会比较低，但一旦突破上斜边并产生上涨的反转行情之后，成交量将会增大。

在某价格水平呈现出相当强大的卖压，价格从低点回升到该水平便告回落，但市场的购买力良好，价格未回至上次低点即告弹升，此情形持续令价格承受着一条阻力水平线波动日渐收窄。若把每一个短期波动高点连接起来，可画出一条水平阻力线。每一个短期波动低点则可相连出另一条向上倾斜的线，这就是"上升三角形"。

在上升三角形的反转形态中。买盘的力量逐渐加强，虽然最高价没有突破水平上限，但最低价已日趋上升。一旦股价突破三角形的上边，并有较大的成交量与之配合，这就预示着股价会出现突破性的上升行情，股民可以买进。

在下降三角形的反转形态中，卖盘的力量逐渐加强，虽然最低价没有突破水平下限，但最高价已日趋下降。在买卖双方争持的过程中，成交量不大，即使突破了下跌的底价，成交量也不会大量增加，只是在刚突破底价的一段短时间内有所增加，并马上减弱。否则的话，如有大量成交量的支撑，股价就有可能出现反弹。因此，如果股价一旦突破了下跌的底价，投资者应抓住时机卖出。

七、缺口形态选股

缺口是K线图中所出现的一种特殊形态，它是指当天的最低成交价比前一个交易日的最高价还要高或者当天的最高成交价比上一交易日最低价还要低，造成相邻两根K线之间有一个空间，这个空间内无交易。

但要注意，相邻的两根K线，虽然实体部分有缺口，但如果有上下影线相连，就不是缺口，只是跳空现象。

缺口分普通缺口、突破缺口、持续性缺口与消耗性缺口等四种。从缺口发生的部位大小可以预测走势的强弱，确定是突破还是已到趋势的尽头，它是研判各种形态最有力的辅助材料。

某些个股经过一段时间箱形整理后，受消息面的利好影响或庄家的人为炒作行为向上突破，形成突破缺口，或在缓慢上涨过程中，突然加速上涨，形成突破缺口，这有可能标志着一个新的上升浪的开始，此时酝酿着极好的短线选股机会，有些个股甚至还蕴藏着中线机会。

（1）普通缺口：是指没有特殊形态或特殊功能的缺口，它可以出现在任何走势形态之中。但在更多的情况下出现在波动范围不大的整理形态中，出现缺口后，也未导致股价突破形态上升或下降，短期内走势仍是盘局，3天内缺口很快被回补，因此给投资者的短线操作带来了一个简便的机会：即当向上方向的普通缺口出现之后，在缺口上方的相对高点应抛出股票，然后待普通缺口封闭之后再买回股票；当向下方向的普通缺口出现之后，在缺口下方的相对低点应买入股票，然后待普通缺口封闭之后再卖出股票。这种操作方法的前提是必须判明缺口是否为普通缺口，而且股票价格的涨跌必须有一定的幅度，才能采取这种高抛低吸的策略。

（2）突破缺口：突破缺口是指股票价格向某一方向急速运动，远离原有形态所形成的缺口。突破缺口的特点是蕴含着极强的动能，打破原有的平衡格局，股价脱离整理或成交密集区，至少不在3天内甚至一个时期不被封闭；股价变动剧烈，向上时成交量明显增大，向下时却不一定；其出现后，一般都会再出现持续性缺口和消耗性缺口的形态。突破缺口的分析意义极大，它一般预示着行情走势将要发生重大的变化，而且这种变化趋势将沿着突破方向发展。比如，向上的突破缺口，若突破时成交量明显增大，且缺口未被封闭，则这种突破形成的缺口是真突破缺口，一旦确认之后，无论价位的升跌情况如何，投资者都可大胆买入。反之，向下的突破缺口被确认后，应立即止损。

（3）持续缺口：是在股票价格向某一方向有效突破之后，由于运动急速而在途中出现的缺口，又称为"中途跳空缺口"，重要特征是没有密集成交形态的伴随。持续性缺口一般在短期内不被回补，有助涨助跌的作用，特殊的时候会产生2～3个。因此，投资者可在向上运动的持续性缺口附近买入股票或者在向下运动的持续性缺口附近卖出股票，而不必担心是否会套牢或者踏空。持续性缺口具有以下特点：是一种二次形态的缺口，它只能伴随突破缺口的出现而出现，因此其比较容易辨别；能衡量股票价格未来的变动方向和变动距离，持续性缺口标志着行情趋势加速和接近行情的中点，即未来升跌幅度很可能会达到该缺口与突破缺口的距离那么长；一般都不会被封闭；具有较强的支撑和阻力效能，而且在日后仍旧能够得到体现。

（4）消耗缺口：出现在一个运行趋势的末端，股价做最后的冲刺，与此同时往往有恐慌性抛售或消耗性的上升，缺口一般很快被回补，市场原有的趋势发生逆转。判断的最简单方法就是考察缺口是否会在短期内封闭，若封闭则形态可确立。由于此时行情已接近尾声，一旦出现消耗性缺口应及时卖出股票，而在下跌趋势中出现消耗性缺口时应买入股票。

消耗缺口是行情尾声和终点的标志，判断最好的依据是缺口发生当天或隔天成交量放出剧烈的天量，随后不能维持或扩大，这是与持续缺口最大的区别。

从突破缺口到衰竭缺口实际上反映的是市场股价多空趋势，由产生到强盛再到消亡的过程，因此它们是按次序出现的。对于个股而言，热门股的分析意义和效果比较肯定，但在冷门股或全控盘庄股中，缺口分析的意义虽不可忽视，但较难作为判断股价趋势的指标，因为冷门全控盘庄股较少出现多空争斗情况，走势往往出现一边倒，完全由庄家控制。

缺口往往是在外界突发因素刺激下，由于多空双方的冲动情绪造成的，事后经过市场时间对刺激因素的逐步消化，以及买卖双方理智的逐渐恢复，理论上缺口都会出现回补现象，一般而言，缺口若不被下一个次级行情封闭，则有可能由下一个中级行情回补，时间若更长，将由下一个原始趋势所封闭。

如图14，焦作万方（000612）在7月15日拉出涨停板，次日高开7%左右，形成巨大突破性缺口，在3天内未被封闭；股价变动剧烈，向上时成交量明显增大，说明该股蕴含着极强的动能，打破原有的平衡格局，行情走势将要发生重大的变化。

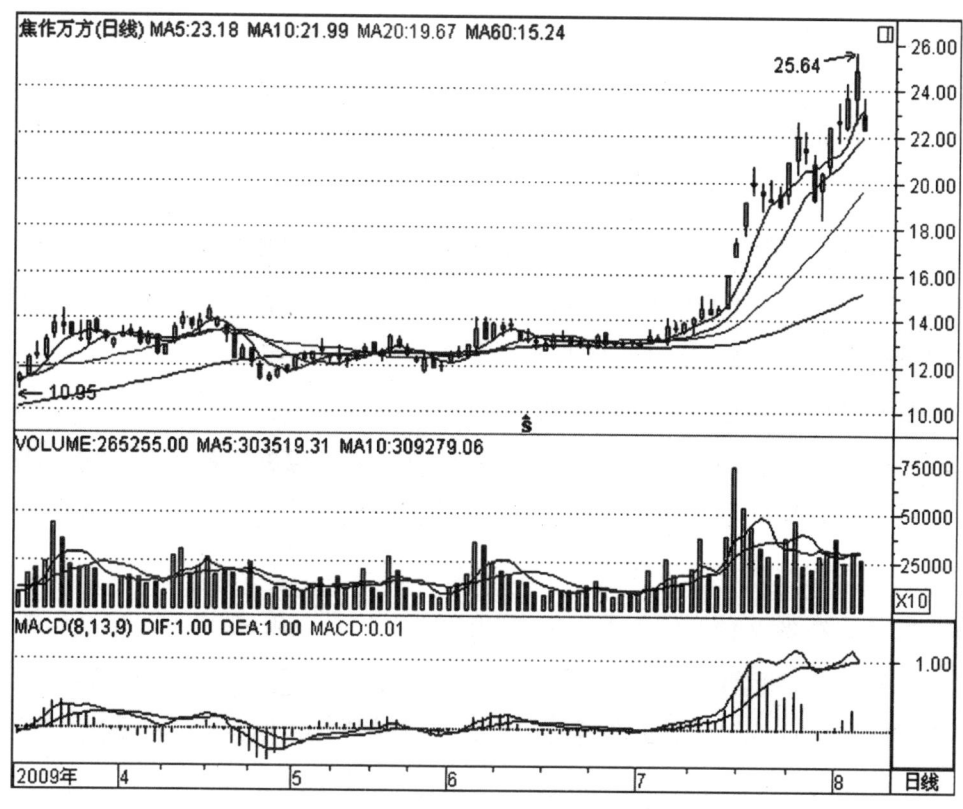

图14 "缺口"形态案例

八、矩形形态选股

　　矩形是股价由一连串在两条水平的上下界线之间变动而成的形态。股价在其范围之内出现上下。价格上升到某水平时遇上阻力，掉头回落，但很快便获得支持而回升，可是回升到上次同一高点时再一次受阻，而挫落到上次低点时则再得到支持。这些短期高点和低点分别以直线连接起来，便可以绘出一条通道，这通道既非上倾，亦非下降，而是平行发展，这就是矩形形态。

　　矩形为冲突均衡整理形态，是多空双方实力相当的斗争结果，多空双方的力量在箱体范围间完全达到均衡状态，在这段运动期间谁也占不了上风。看多的一方认为其回落价位是很理想的买入点，于是股价每回落到该水平即买入，形成了一条水平的支撑线，但另一批看空的投资者对股价上行缺乏信心，认为股价难以升越其箱体上轨，于是股价回升至该价位水平便即沽售，形成一条平行的压力线。所以当股价回升一定高度时，一批对后市缺乏信心的投资者退出；而当股价回落到一定价位时，一批憧憬着未来前景的投资者买进，由于多空双方实力相当，于是股价就来回在这一段区域内波动。当然有时也是主力庄家控制幅度，进行吸货出货的结果。

矩形研判的要点：

（1）与其他形态不同的是，矩形整理形态是短线投资者最喜欢的一种形态。当矩形形态初步形成后，投资者可利用矩形形态下有支撑线、上有压力线的特点，在矩形的下界线附近买入，在矩形上界线附近抛出，来回做短线操作。但是，在做这种短线操作时要注意两点：一是矩形的上下界线相距要较远；二是一旦矩形形成有效突破则需要审慎决策，即在上升趋势中，矩形带量向上突破盘局时，要坚决捂股待涨，而在下降趋势中，矩形向下突破时，则要尽快止损离场。

（2）矩形形态在大多数场合中是以整理形态出现的，但有些情况下，矩形也可以作为反转形态出现，这需要投资者区别对待。当矩形是整理形态时，矩形有效突破后，股价会按照原有的趋势运行；当矩形是反转形态时，矩形有效突破后，股价会按照相反的趋势运行。

（3）一般情况下，判断矩形是整理形态还是突破形态的依据之一是股价已有的涨跌幅。当股价从底部上涨到30%～50%或从高位下跌30%~50%时，可以视为整理形态；而当股价从底部上涨和高位下跌的幅度超过80%以后出现的矩形形态，大多数是矩形反转形态。

（4）矩形的有效突破主要是以股价的收盘价为准。在上升趋势中，当股价的收盘价突破了矩形上边的压力线，有一定的涨幅（一般为超出矩形整理形态最高点的3%左右），同时伴随成交量放大的情况，视为矩形的有效向上突破；在下降趋势中，当股价的收盘价跌破了矩形下边的支撑线、有明显的跌幅（一般为低出矩形整理形态的3%左右），成交量有一定的放大的情况，视为矩形的有效向下突破。

（5）在上升趋势中，当股价向上突破矩形形态上边的压力线，形成矩形整理形态的有效向上突破后，通常意味着市场上一条重要的压力线被突破，大量新的买盘将进场，股价将开始一轮新的上涨行情，这时投资者应持股待涨或逢低吸纳；在下降趋势中，当股价向下跌破矩形形态下边的支撑线，形成矩形整理形态的有效向下突破后，通常意味着市场上一条重要的支撑线被突破，大量卖盘将涌出，股价将开始一轮新的下跌行情，这时投资者应持币观望或尽快抛出股票。

（6）矩形整理形态还应参照均线理论一起研判，这样可以减少研判的失误。

首先，在上升趋势中，矩形整理的位置与长期均线的位置有很大的关联。如果上升矩形整理形态是出现在股价突破了长期均线（如200日均线等）的上方附近时，则矩形形态向上突破的力度比较强，涨幅也相当可观；如果上升矩形整理形态是出现在股价长期均线上方较远的地方时，则矩形形态向上突破后的力度和高度将有限；如果上升矩形整理形态是出现在股价长期均线下方附近时，股价的有效突破，不仅要突破矩形形态上方的压力线，而且还要向上突破长期均线，这样才是股价的真正向上突破；如果上升矩形整理形态是出现在离长期均线很远的下方时，股价突破后的高度和空间也比较有限，而且股价在到达长期均线附近时将面临较强的压力。

其次，在下降趋势中，矩形整理的位置与长期均线的位置也有很大的关联。如果下降矩形整理形态是出现在长期均线上方附近时，矩形向下有效突破的标志，是以是否跌破长期均线为准，即股价即使跌破矩形下边线但没有跌破长期均线，矩形的向下突破还不能确认，但如果股价既跌破矩形的支撑线又跌破长期均线，则矩形向下突破为有效突破，而且股价向下突破后的力度和空间将非常大；如果下降矩形整理形态是出现在长期均线上方较远的地方时，矩形形态的突破是以股价跌破矩形支撑线为主，但股价突破后的力度和空间不大，当股价跌到长期均线附近时，将获得较强的支撑；如果下降矩形整理形态是出现在长期均线下方时，矩形形态的突破也是以股价跌破矩形支撑线为主，股价下跌的空间和力度比较大。

如图15，八一钢铁（600581）在2009年1月从4.9元的低点跃上7元的平台后，价格上升到9元时遇上阻力，掉头回落，但很快在6.5元附近便获得支持而回升，可是回升到9元时再一次受阻，而挫落到6.5元时则再得到支持。这就是典型的矩形整理形态。直到5月上旬，该股放量突破矩形上沿，步入上升通道。

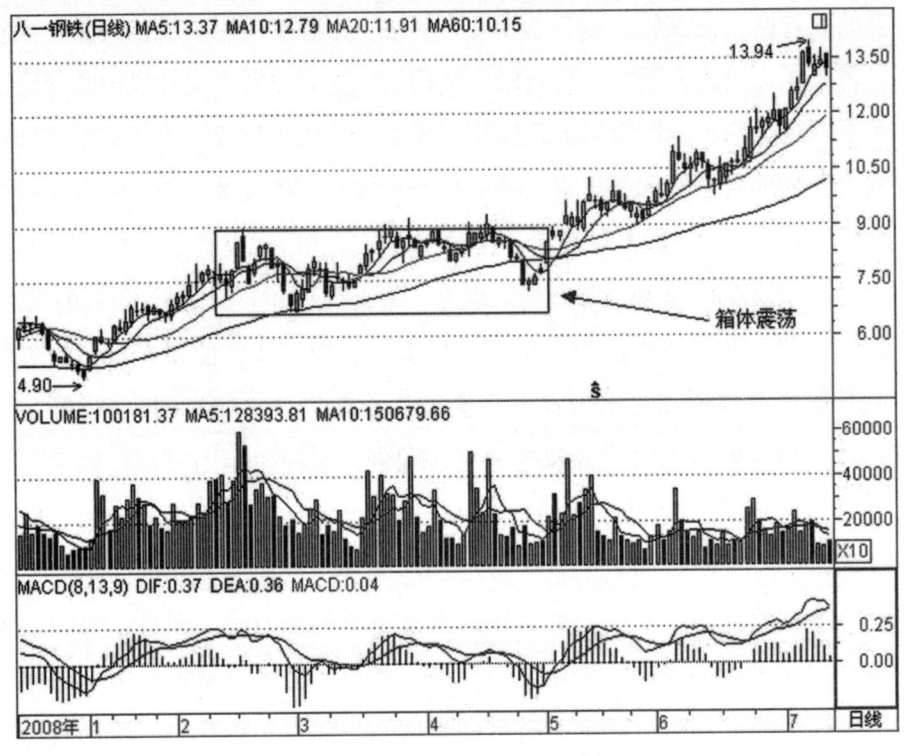

图15   "矩形"形态案例

九、菱形形态选股

　　菱形的形态犹如钻石，其颈线为V字状。成交量如同三角形，渐次减少。菱形实际是喇叭形和对称三角形的结合。左半部和喇叭形一样，第二个上升点较前一个高，回落低点也较前一个为低，当第三次回升时，高点却不能升越第二个高点水平，接着的下跌回落点却又较上一个回落点为高，股价的波动从不断地向外扩散转为向内收窄，右半部的变化类似于对称三角形。

　　当股价越升越高之际，投资者显得冲动和失去理智，因此价格波动增大，成交也大量增加，但很快地，投资情绪渐渐冷静下来，成交减少，股价波幅收窄，市场从高涨的投资意愿转为观望，投资者等待市场进一步的变化再做新的投资决定。

根据菱形寻找明星股就要注意以下几个要点：

（1）菱形很少为底部反转，通常它在中级下跌前的顶部或大量成交的顶点出现，是个转向形态。

（2）当菱形右下方跌破后，就是一个卖出信号；但如果股价向上突破右方阻力，而且成交量激增，那就是一个买入信号。

（3）其最小跌幅的量度方法是从股价向下跌破菱形右下线开始，量度出形态内最高点和最低点的垂直距离，这一距离就是未来股价将会下跌的最小幅度。

十、周K线月K线形态选股

周K线及月K线属中线指标。周K线或月K线连续收阳的股票，成为大黑马牛股的可能性极大，尤其是在弱势中（中期调整的后期）周K线或月K线若能够连续收阳线，则一旦大盘企稳反转，该类股票最有可能成为大牛股。

周K线及月K线的运用应注意以下几点：

（1）弱势从低位连续收阳线的股票，应高度重视。

（2）较强股票周K线或月K线的数量往往符合斐波那奇序数，即1、2、3、5、8、13、21、34周等，也即连收阳线时，第1周、第2周、第3周、第5周、第8周、第13周、第21周、第34周等应引起重视，该时间容易面临调整（短期调整或见顶）。

对于走势较强的新股，在第3周及连收5周阳线后最容易收周阴线，因此可以考虑短期避险。

如果一只股票既符合弱势盘年线原理，又符合弱势连收周阳线原理，则未来走成大牛股的可能性极大。

（3）一般来说，连续收小周阳线不要急于出货，这往往是庄家的建仓动作，该种股票在见顶之前往往要连拉几根大的周阳线。

十一、"平台起飞"形态选股

"平台起飞"K线组合形态是指当个股或大盘在底部区域经过充分的蓄势整理之后,终于爆发向上突破行情。在形态上显示先是有一个横盘整理的过程,然后成功突破并展开新一轮上升行情。技术特征有:

(1)在一段时间内,股价保持不愠不火的横盘走势,每天以小阴小阳线运行。

(2)当整理行情运行一个阶段后突然出现快速上涨走势,通常是以中阳线或长阳线展开行情。

(3)在股价突破的同时,成交量也迅速放大。

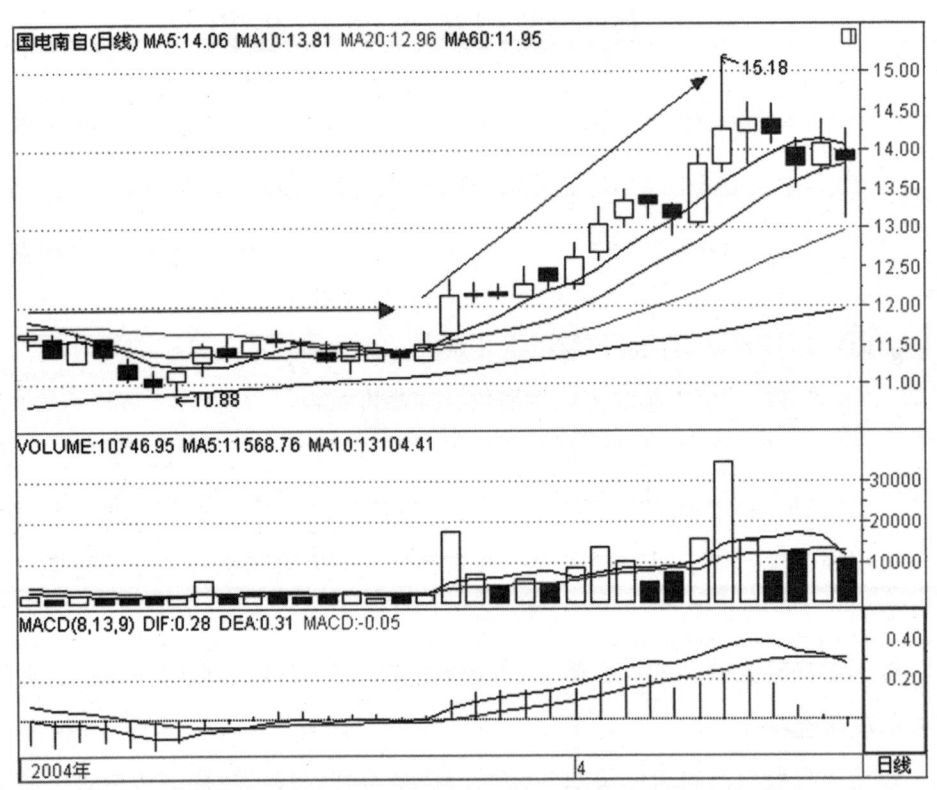

图16 "平台起飞"形态

如图16,国电南自(600268)在2004年3月形成一段横盘走势,3月25日,该股突然发力上攻。研判这种K线的关键在于突破时的分析。不仅要注意量价关系，还要注意突破时的阳线不能依赖尾盘拉升，而要在盘中稳健上行。例如，国电南自在突破当日的走势时呈现出稳健推升态势。

值得注意的是，有时在一轮上升行情中不止出现一次"平台起飞"，而是有多次机会。

十二、"立竿见影"形态选股

立竿见影这个成语的含义是指在阳光下将竿子竖起来，立即就能见到影子，比喻立刻见到功效。股市中的"立竿见影"K线组合形态往往能发挥出立即见效的投资结果。

"立竿见影"K线组合形态是通过将K线与收敛三角形结合起来进行研判的一种形态。收敛三角形通常表示投资者对于个股比较缺乏信心和趋于犹豫，投资行为更加谨慎，观望心理占据上风。这时如果股价能形成有力突破，将极大地增强投资者的信心，从而引发新一轮行情的诞生。

1. "立竿见影"的技术特征

（1）个股股价走出收敛三角形，即反弹高点不断下移、下跌低点不断抬高。从技术上分析收敛三角形至少需要四个转折点，即在一段时间内至少应形成两个高点、两个低点，因为每条直线都需要两个点来加以确定。通过高点和高点、低点和低点的联结可以得到两条聚拢的直线。上面直线向下倾斜，对股价具有压力作用；下面直线向上倾斜，对股价具有支撑作用。

（2）当股价运行到接近收敛三角形顶端位置时，出现一根阳线成功突破上边线，该K线即为"立竿见影"K线组合形态。

（3）在个股或大盘走出该K线的同时，成交量必须同时放大，这样才能说明其突破力度和有效性。

2. 投资实例

（1）深赤湾A（000022）在2004年年初形成收敛三角形，该股在2月18日向上突破走出"立竿见影"K线组合形态，成交量也同步有效放大，证明该K线组合形态的有效性，此后该股出现连续上涨行情。如图17所示。

（2）收敛三角形规模的大小往往会影响到"立竿见影"K线组合形态的实际功效的大小。一般由数月时间构筑的收敛三角形效果最好，此时出现该K线组合形态时往往会展开有力的上涨行情。

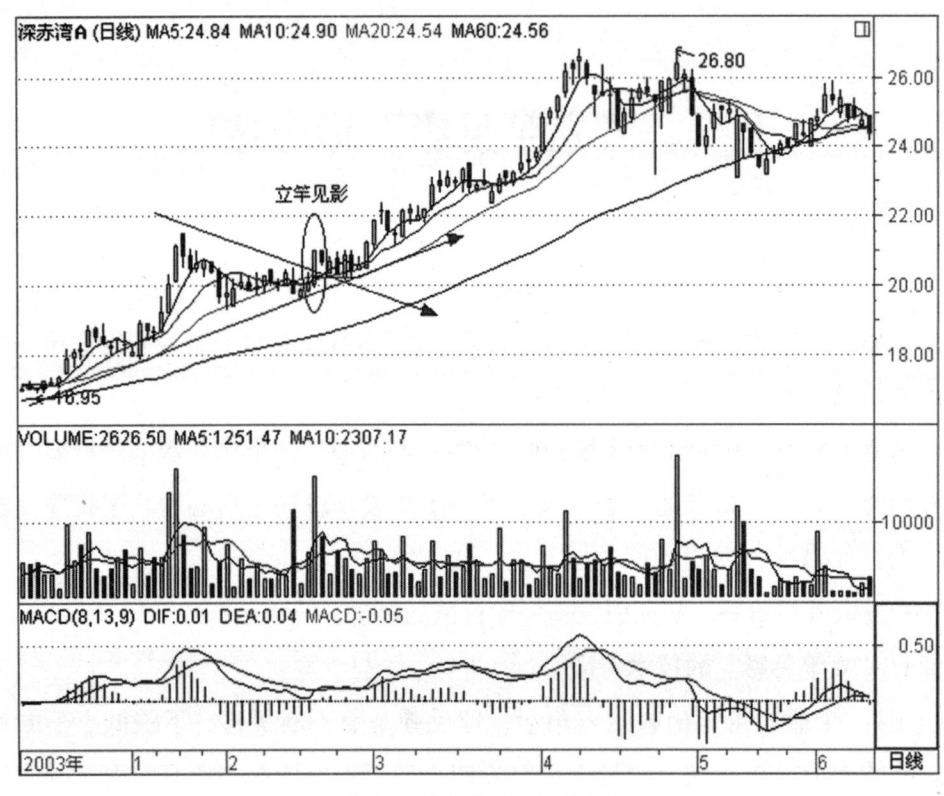

图17　"立竿见影"形态

十三、"石破天惊"形态选股

"石破天惊"K线组合形态是K线与菱形形态的组合运用。菱形又称为钻石形，是发散三角形、收敛三角形、头肩顶的综合体。当出现向上突破性质的K线时，个股会出现一段涨升行情。

1. 技术特征

（1）大盘或个股走出菱形形态。该形态的左半部和发散三角形形态一样，其市场的含义也相同，第二个上升点较前一个高，回落低点亦较前一个为低，当第三次回升时，高点却不能升越第二个高点水平，接着的下跌回落点却又比上一次的回落点低，股价的波动从不断地向外扩散转为向内收窄；右半部和收敛三角形一样，从而最终形成菱形形态。

（2）当股价或指数运行到接近菱形尾端，即接近右侧收敛三角形顶端位置时，出现一根阳线成功突破上边线，该K线即为"石破天惊"K线组合形态。

（3）在形成菱形过程中，成交量前半部分与发散三角形一样，具有高而不规则趋于放大的成交量；后半部与收敛三角形一样，成交量趋于逐步萎缩。当出现"石破天惊"K线组合形态时，需要成交量保持同步放大，方能证明突破的有效性。

2. 投资实例

（1）2004年10～11月，上证指数走出菱形形态，11月10日大盘以一根中阳线迅速突破菱形，形成"石破天惊"K线组合形态。

出现"石破天惊"K线组合形态后，其理论涨幅由突破点开始计算，能达到该形态中最大的垂直差价。一般来说，价格运动的实际距离比这一段最小量幅长。

（2）上证指数在2004年年初形成菱形形态，当2004年3月10日出现该K线组合形态后，指数随后的上涨幅度达到理论涨幅。

相对而言，菱形的构筑时间越长、规模越大，则出现"石破天惊"K线组合后的涨幅也相应越大。

十四、"天马行空"形态选股

"天马行空"K线组合形态是上涨阳线与箱体形态的组合运用。

矩形是一种典型的整理形态，股价或股指在两条平行直线之间上下波动，既不能向上突破阻力线，也不会跌破支撑线，这种震荡会持续一个阶段，震荡行情中短期高点和低点分别以直线相连。箱体的形成是因为市场处于多空平衡中的一场拉锯式行情，股价向上会遭受沉重抛压，向下又获得各种支撑，造成股价陷入跌不深也涨不高的僵局中。

箱体中的僵局是暂时性的，其突破将是一种必然的结果。在突破之前的箱体整理中，市场的买卖热情会逐渐下降，成交量会出现一定程度的萎缩。当市场逐渐转为平静后，突破性行情会迅速爆发出来，而突破箱体的那根阳线就是"天马行空"K线组合形态。

技术特征

（1）个股或大盘走势为箱体形态，一段时间内股价或股指在两条平行直线之间上下波动。

（2）某日一根上涨阳线突破箱体的上边，即为"天马行空"K线组合形态。

（3）突破时，成交量同时明显放大。

如图18，赣粤高速（600269）从2009年5月开始在9.83～12元形成了波动幅度仅20%的矩形整理区域，期间曾有多次向上接近箱体高点，但都是蓄势而不发，2009年8月4日终于一举向上突破矩形区域形成"天马行空"K线组合形态。随后，该股展开强势上涨行情，最高升至14.48元。

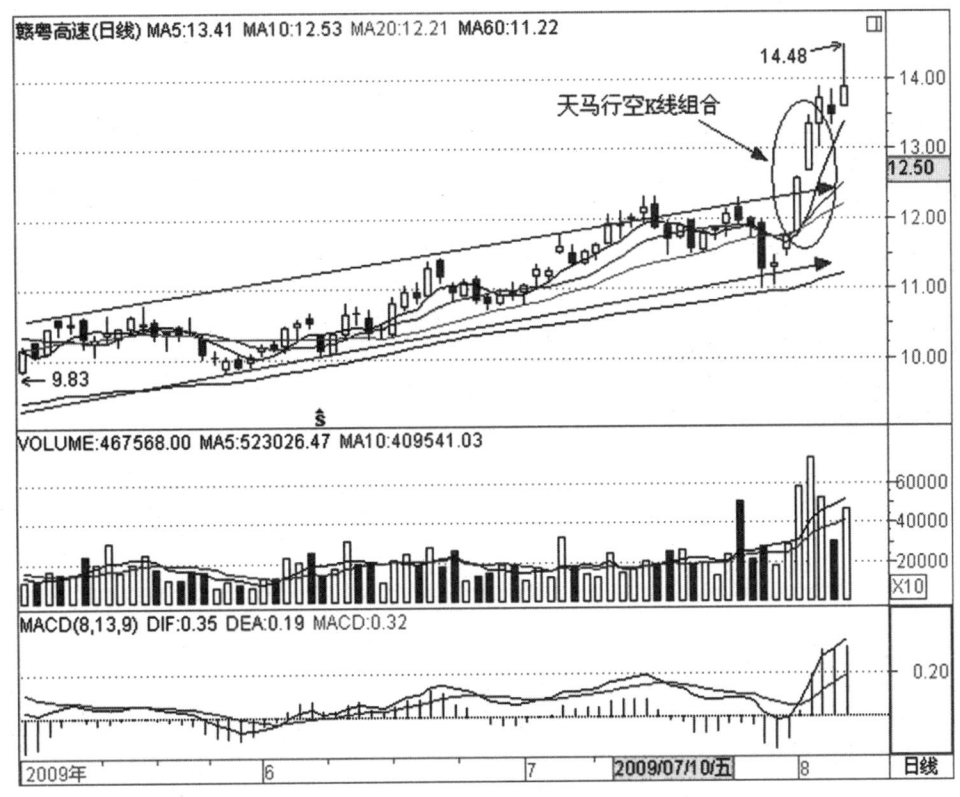

图18　天马行空K张组合

十五、"波段买点"形态选股

波段买点K线组合是一种与技术指标结合起来分析的K线形态，专门用于波段操作中的买进信号。

技术特征

（1）最近几日的K线触及布林线的下轨线。

（2）股价成功摆脱布林线下轨线束缚，走出脱离下轨线的阳线，阳线实体不能过小，一般要求至少达到2%以上。

（3）布林线的运行比较平稳或者处于震荡向上走势中。

（4）布林线的上下轨线保持一定的宽度，因为过窄的布林带容易引发变盘行情，而且投资获利的空间有限，不利于波段操作。

如图19，兰花科创在2004年的9月14日和2005年的1月12日分别走出"波段买点"K线形态，给投资者提供了良好的买入时机。

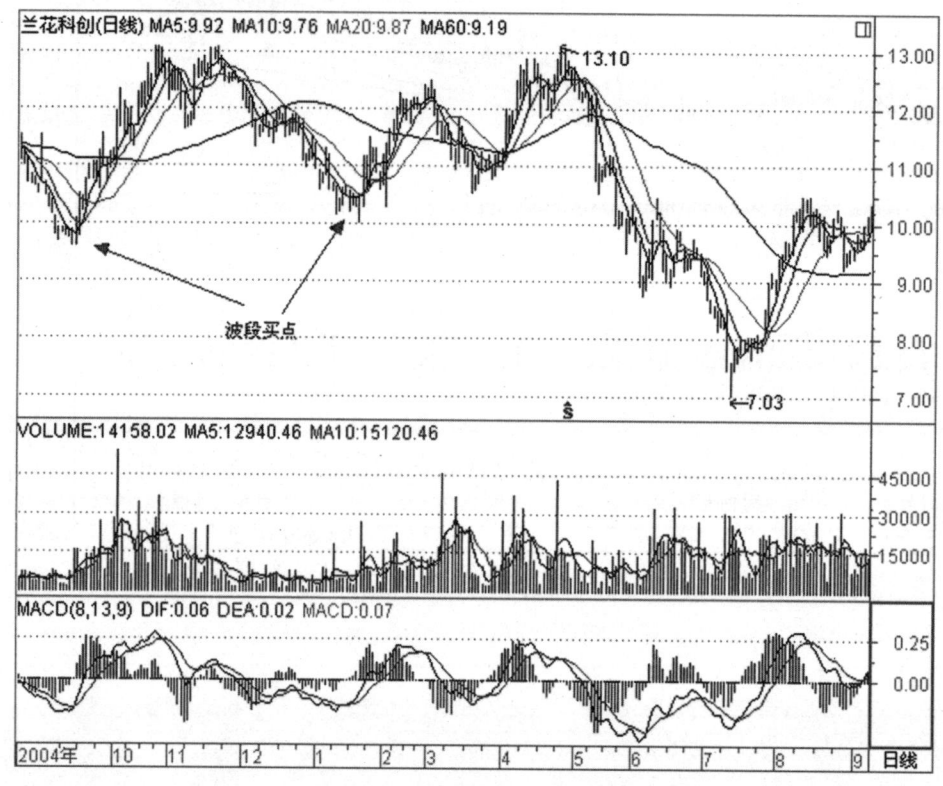

图19　"波段买点"K线形态

十六、"大浪淘沙"形态选股

"淘"表示用水冲洗、去掉杂质，在大浪中洗净沙石，运用在股市中表示经受住考验、筛选的优质股票和行情。所谓"大浪淘沙始见金"，"大浪淘沙"K线组合形态通过对常态行情的过滤，显露出已经出现突破走势的个股介入机会。

该K线组合形态是K线与主图指标布林带结合起来运用的形态。布林线指标由约翰·布林先生创造，布林线利用统计原理，求出股价的标准差及其信赖区间，从而确定股价的波动范围及未来走势，利用波带显示股价的安全高低价位，因而也被称为布林带。其上下限范围不固定，随股价的波动而变化。当K线经过强势整理之后迅速突破布林带上轨线，将形成"大浪淘沙"K线组合形态。

1.技术特征

（1）K线要连续在布林带中轨的上方运行，这一过程至少需要保持9天，期间每根K线的最低价不能低于布林带中轨。

（2）一根阳线突然向上突破布林带上轨线，该阳线实体相对较长，股价涨幅较大，从而形成"大浪淘沙"K线组合形态。

（3）在形成突破之前，布林带的带宽呈现出收窄现象为好。

（4）当布林带的波带向上移动时出现该K线组合形态的效果较好。

（5）当走势图上出现该K线组合形态时，投资者可以结合成交量的表现情况，选择适当时机介入。

2.注意要点

运用"大浪淘沙"K线组合形态时最需要注意的是不能过度追高，当股价已经大幅上涨70％或1倍以上时，投资者介入不仅获利空间有限，而且具有一定风险。有时股价上涨虽然不到1倍，但涨速过快时也不宜追涨。

十七、"顶天立地"形态选股

当股市处于剧烈宽幅震荡行情中时，或者上市公司遇到突发消息时，个股会表现出剧烈震荡走势，有些个股在某一交易日内出现振幅极为巨大的阳线，有时最低价能够接近跌停板，而当天最高价却接近涨停。其中，K线实体的涨幅超过10％，这种K线形态被称为极度长阳线，出现极度长阳线的个股中将有相当一部分会在后市行情中出现急速飙升的走势。

1. 极度长阳线与普通的大阳线之间的区别

普通大阳线的K线实体较长，上下影线都很短，一般要求收盘价大于开盘价5%即可；而极度长阳线的K线实体远远长于大阳线，收盘价大于开盘价10%，如果加上上下影线，全天振幅接近20%。极度长阳线在形态上处于向下接近跌停板位置，向上顶着涨停板的位置，所以称为"顶天立地"K线。个股一旦出现这种走势后极易形成"黑马"。

极度长阳线与极度长阴线成为一种特殊的投资技巧，都是1996年实行涨跌停板制度的结果，在此之前沪深股市的股价波动剧烈，极度长阳线与极度长阴线出现的频率较多。实行涨跌停板制度，这两种K线出现极度长的次数减少，但市场指示意义更强。

2. 极度长阳线中容易出"黑马"的理论依据

股价在盘中的剧烈宽幅震荡，不是普通散户投资者可以做到的，往往是股价遇到利空消息而严重超跌之际，主力充分利用投资者的恐慌心理趁机将股价打到跌停板附近，然后再大肆"吃"进散户的恐慌抛盘。由于主力建仓迫切，常常将散户的抛盘一路通吃到涨停，表现在K线形态上就是振幅巨大的阳线。

3. 极度长阳线在实际应用中的技术要点

（1）极度长阳线形态特征要求个股前期走势是处于下跌状态中，股价在当天的盘中振幅要达到18%以上，并且在尾市收盘时股价是上涨的。

（2）对于确有重大实质性利空消息的，目前跌幅不深的或者目前的下跌幅度仍不足以完全释放利空影响的个股，投资者在参与时要谨慎小心。即使该股盘中出现极度长阳线的走势，投资者也应以回避为上，如ST康达尔。

（3）对于前期曾经有过大幅拉升，目前股价仍处于相对高位的个股，当盘中出现极度长阳线走势时，投资者坚决不要参与。因为极度长阳线是主力为了完成迫切建仓需要，而不惜暴露坐庄迹象的无奈之举。如果股价已被拉高后，庄家仍用极度长阳线显露其坐庄迹象，其用意就十分可疑了，投资者要谨防庄家利用该走势作为拉高出货手段，如上海梅林。

（4）发行新股上市首日和暂停上市公司恢复上市首日不适宜运用极度长阳线的投资技巧。因为根据管理层出台的规定，这两类股票交易不设涨跌幅限制，所以，首日交易中振幅通常都比较大，有的个股振幅远远超过20%，对此类个股运用极度长阳线K线组合形态的分析方法是没有实际意义的。

如图20，中材科技（002080）于2009年1月9日、5月6日、5月25日均被大笔买单拉起，在气势汹涌的买盘推动下，股价涨势如虹，并最终以涨停报收，随后该股股价不断跃上台阶，短短几个月内，该股就从最低价1月9日的21元上涨到8月初的32元，涨幅超过50%。

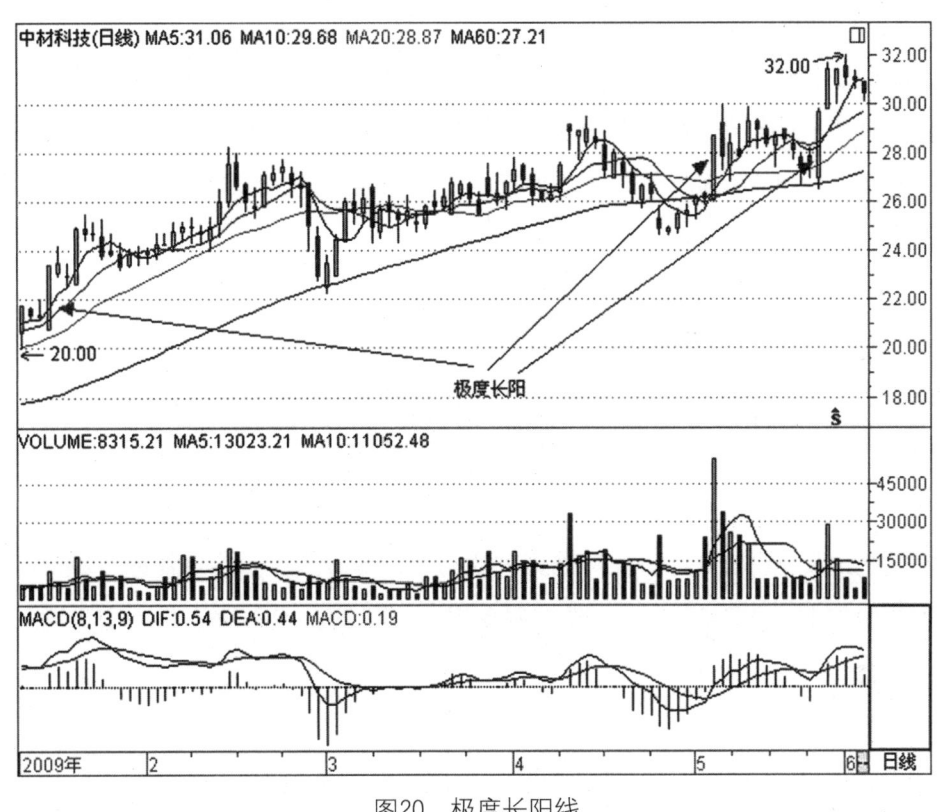

图20　极度长阳线

十八、"突出重围"形态选股

"突出重围"K线则是一根K线对所有长短期均线的突破，这种K线的转势信号非常明显。

1. 技术特征

（1）"突出重围"K线是指一根K线同时突破10条均线，这10条均线包括5日、10日、20日、30日、40日、60日、90日、120日、180日和240日均线。"突出重围"K线的开盘价位小于10条均线，而收盘价位大于10条均线。

（2）"突出重围"K线形成时的成交量有所放大。

（3）"突出重围"K线使得部分均线出现转向。

2. 应用法则

"突出重围"K线是一种强势突破的K线形态，预示股价将出现大幅上涨行情，因此，在出现该K线形态后，投资者可以积极买进。

十九、"绝地反击"形态选股

"绝地反击"K线是一种短线买进的信号，形容当大盘出现深幅下跌时，使得短期做空能量得到释放，个股或大盘积聚了新的做多力量，从而引发强劲反弹行情。

1. 技术特征

（1）股价创出最近3个月的新低，具体的要求是最近5天的最低价必须是最近3个月（一般是66个交易日）以来的最低价。

（2）出现光头K线，即收盘价等于全天最高价，当日的涨幅要超过3%。

（3）成交量要随着股价的上涨出现同步放大。

（4）K线对刚刚上市的新股无效，因为新股交易的时间还不到3个月，不能满足K线的技术要求。

2. 应用法则

出现"绝地反击"K线组合形态后，投资者可以短线参与反弹行情，但是这种K线对股价的长期运行趋势没有明确的指示意义，因此，投资者短线获利后，要及时获利了结。

主力资金选股法

一、看懂庄家在动荡市如何试盘

　　看懂庄家在各种大势情况下的试盘动作，对于抓住短线机会十分重要，下面介绍如何看懂庄家在动荡市中的试盘动作。

　　庄家完成建仓后，基本上达到了计划建仓位。这时的试盘基本出现在股价较低的位置，在某一个行情较为平淡的交易日，庄家开始向上大幅拉升或者向下大幅打压股价，以测试盘内筹码稳定性和市场追涨杀跌的程度，在K线上出现一根大阳线或大阴线或上下影线较长的阴线或阳线，以此来观察筹码的锁定状况和市场对该股关注和参与的热情。

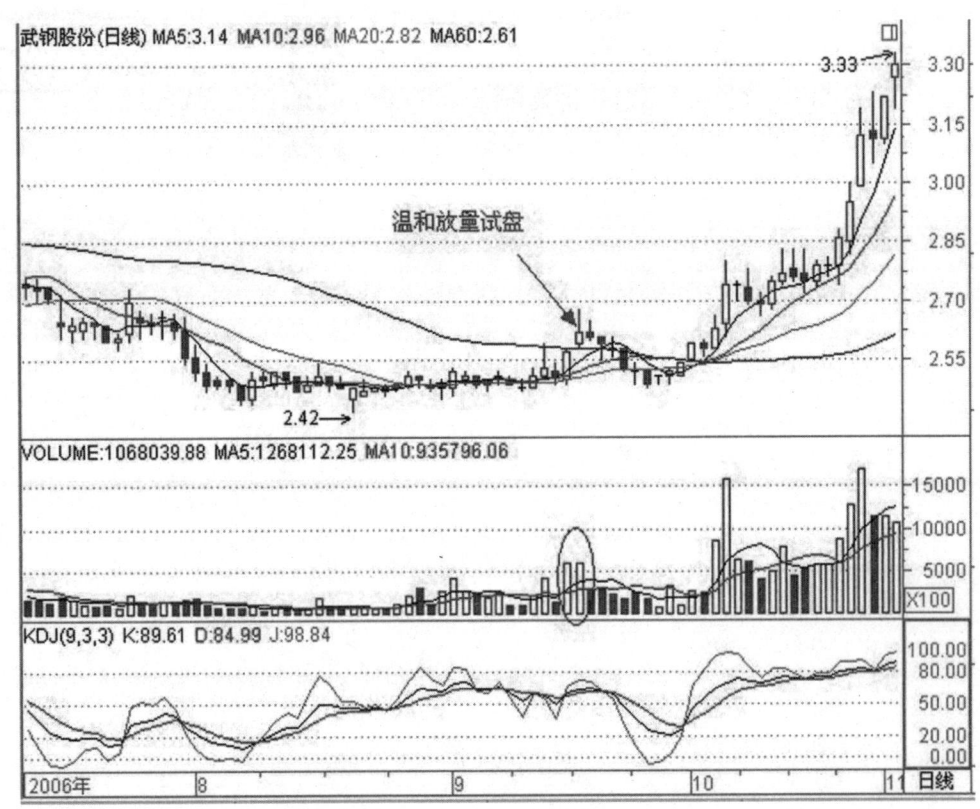

图21　温和放量试盘

如图21，武钢股份（600005）完成底部建仓之后，于2006年9月拉出一根长上影的阳线，完成一次试盘，这时成交量大幅放大，放大的原因是庄家在盘中对倒形成。其后又多次拉出带大量的长上下影的阳线和阴线，以检验盘面筹码锁定情况。通过盘面信息反馈，显示能控制局面，随后不久，开始一波大幅度的拉升。

二、看懂庄家在强市如何试盘

看懂庄家在各种大势情况下的试盘动作，对于抓住短线机会十分重要，下面介绍如何看懂庄家在强市中的试盘动作。

庄家经过底部耐心的吸筹后，在日K线上起先出现小阴小阳式盘升走势，股价有脱离底部的明显特征，成交量呈温和放大。此时，庄家将股价拉升到较高的位置后采取了不参与的手法，以测试散户的接单或抛盘能力，任随股价波动。

这种试盘方式还有一个好处，就是在这个过程中，庄家完全不去干涉股价的走势，任中小投资者在里面主导股价的波动，庄家可以静静地观察中小投资者的接盘和抛盘情况。如果接盘力度大于抛盘力度的话，股价会缓慢上升；如果接盘力度和抛盘力度相当的话，股价就会维持振荡走势；如果抛盘力度大于接盘力度的话，股价就会呈现出下跌的趋势。

如图22，庄家从2008年12月11日就开始不参与股价的买卖，让股价任意波动。直到2009年1月13日，庄家才又开始行动，参与股价的买卖操作。庄家经过这一阶段的试盘后，就直接进入了股价拉升阶段。这种试盘方式的特征是，日K线形态上表现为小阴线和小阳线，股价呈现出维持震荡或缓慢上升的走势，成交量明显缩小，并且在分时走势图上看不见有大手的成交单。

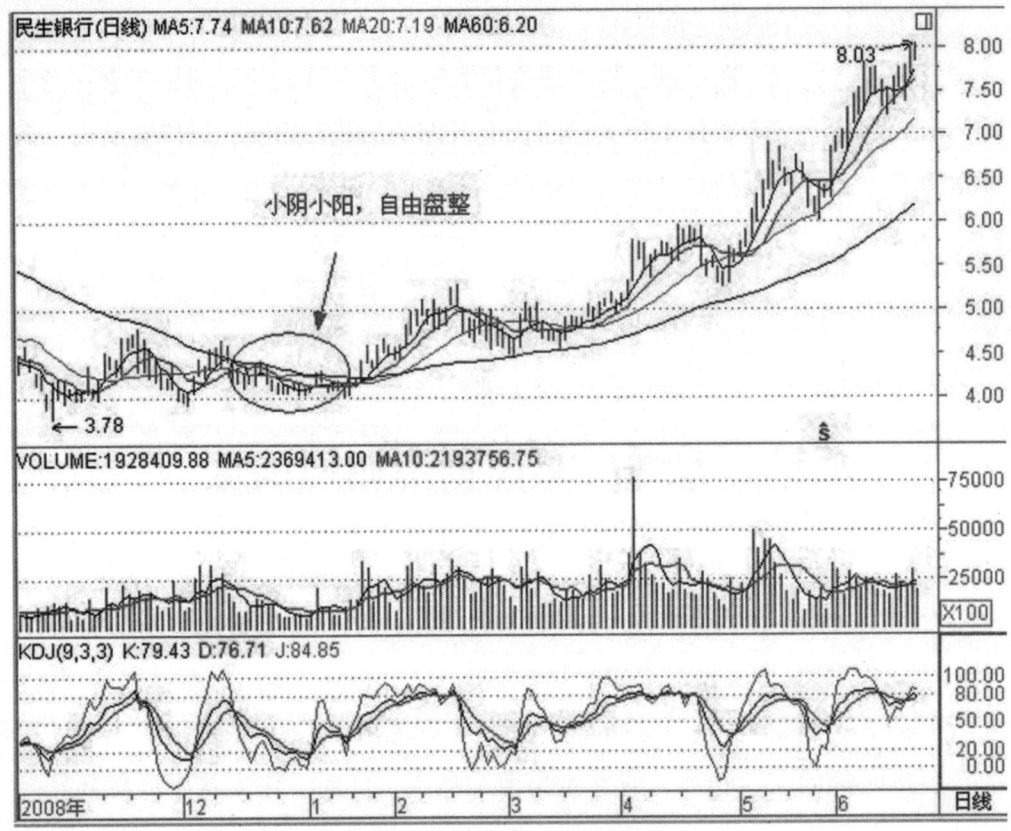

图22　小阴小阳，自由盘整

三、看懂庄家在弱市如何试盘

　　看懂庄家在各种大势情况下的试盘动作，对于抓住短线机会十分重要，下面介绍如何看懂庄家在弱市中的试盘动作。

　　弱势中试盘，庄家一般都借助于大势的偏弱，或者炮制某些利空，借题发挥，乘机更加夸张地造成股价大跌，使得市场持股者恐慌加剧，极大地动摇他们的持股信心；或者利用消息反向操作，使得绝大多数投资者丈二和尚摸不着头脑，失去判断力而操纵失误。或者利用关键技术位，即阻力线或支撑线进行试盘，当向下或向上突破重要技术阻力位时，看盘内的变化情况。走势上表现为中长阴线、无量下跌、短期均线呈空头排列。

　　如图23，600018在2月底的连续下跌中已极度缩量，在3月初连拉3根阳线时也无大抛盘压力，说明庄家控盘极高，短线回升在即。

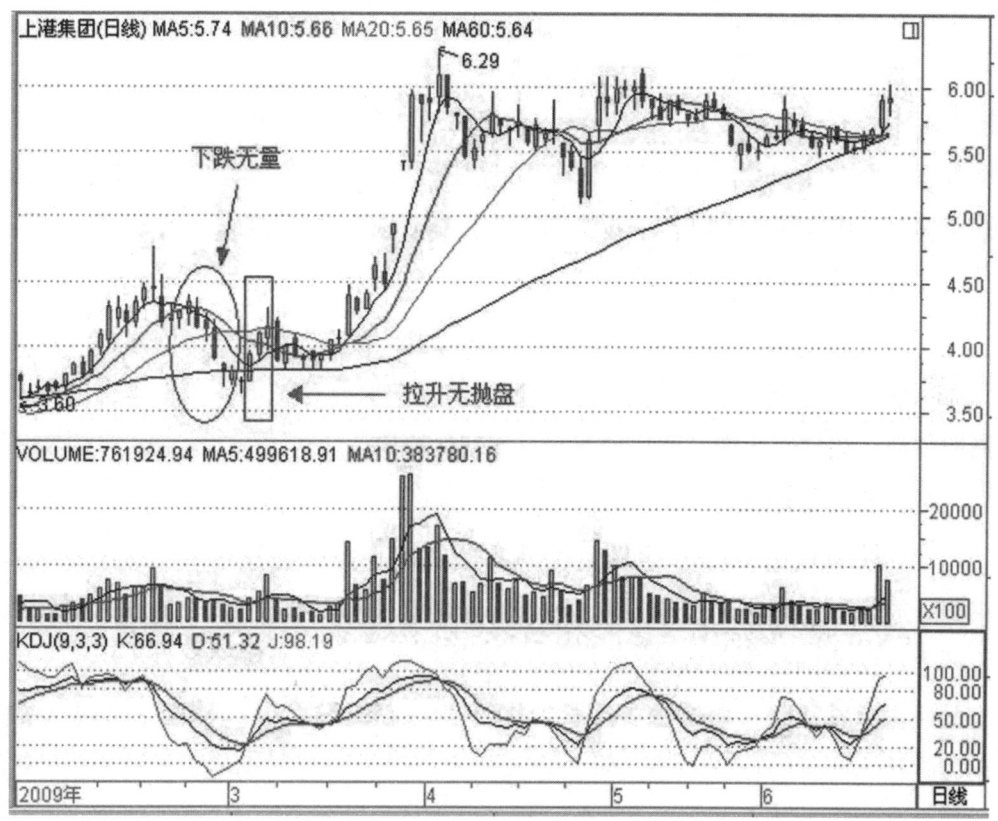

图23　弱势中试盘

四、短线高手如何识别空头陷阱

　　对于空头陷阱的判别主要是从消息面、资金面、宏观基本面、技术分析和市场人气等方面进行综合分析研判。

1. 在消息面上的分析

庄家往往会利用宣传的优势，营造做空的氛围。所以当投资者遇到市场利空不断时，反而要格外小心。因为正是在各种利空消息满天飞的重磅轰炸下，主流资金才可以顺利建仓。

2. 从成交量上分析

空头陷阱在成交量上的特征是随着股价的持续性下跌，量能始终处于不规则萎缩中，有时盘面上甚至会出现无量空跌或无量暴跌现象，盘中个股成交也十分不活跃，给投资者营造出阴跌走势遥遥无期的氛围。恰恰在这种制造的悲观氛围中，庄家往往可以轻松地逢低建仓，从而构成空头陷阱。

3. 从宏观基本面分析

需要了解从根本上影响大盘走强的政策面因素和宏观基本面因素，分析是否有实质性利空因素。如果在股市政策背景方面没有特别的实质性做空因素，而股价却持续性地暴跌，就比较容易形成空头陷阱。

4. 从技术形态上分析

空头陷阱在K线走势上的特征往往是连续几根长阴线暴跌，打穿各种强支撑位，有时甚至伴随向下跳空缺口，引发市场中恐慌情绪的连锁反应。在形态分析上，空头陷阱常常会故意引发技术形态的破位，让投资者误以为后市下跌空间巨大，从而纷纷抛出手中持股，从而使庄家可以在低位承接大量的廉价股票。在技术指标方面，空头陷阱会导致技术指标上出现严重的底背离特征，而且不是其中一两种指标的背离现象，往往是多种指标的多重周期的同步背离。

短线高手操作策略：暴跌之下果断杀入。

如图24，000983在2月底的连续下跌中已显著缩量，KDJ指标形成向上金叉，属于空头陷阱，短线回升在即，买入。

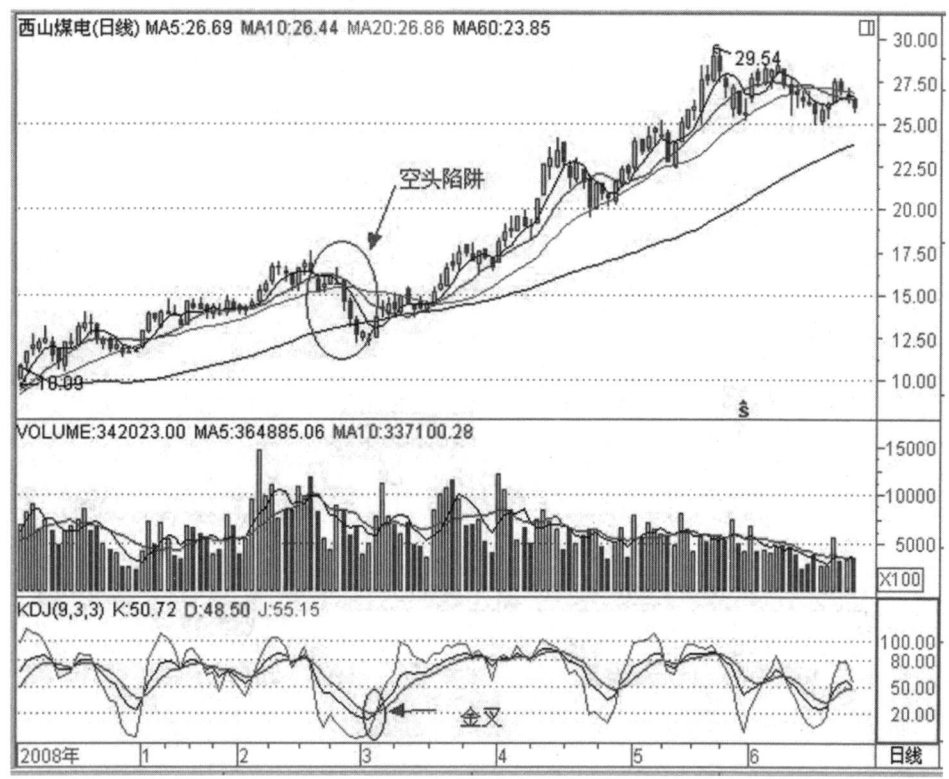

图24　空头陷阱

五、短线高手如何识别多头陷阱

　　庄家不但利用技术分析设置空头陷阱，而且也常常利用技术分析设置多头陷阱，引诱投资者上当，以达到高位套牢跟风者，实现其盈利目的。

　　在大牛市的后期，主力会在重要的技术关口布下多头陷阱，将追涨的多头一网打尽。因为在牛市之末，市场热情空前高涨，多头信心比较坚定。即使大盘面临重要技术关口，多头也会认为突破不成问题。这样，主力庄家就会制造假突破的陷阱，让多头跟进，而其则出其不意地逢高派发，或打压减磅，使得跟风者全部掉入设置的多头陷阱中。

　　短线高手又如何识破庄家设置的多头陷阱呢？即观察突破时成交量的变化情况，成交量必须流畅地放大，而不是时大时小，股价上行必须干净利落，一旦突破之后即要勇往直前，表明有许多人在股价创新高之后觉得形势明朗，放心追入。如果突破之后股价竟然停滞不前，则说明上方有一股隐藏的巨大抛压，十有八九是庄家在出货。

　　也可以这样说，如果在上升趋势中，伴随成交量放大，股价创新高，之后成交量略有减少，股价小幅回档，只要回档不跌破支撑线仍为多头市场，如果成交量不大而且回档时跌破支撑线并加速下行，则是庄家设置的多头陷阱。

　　散户若不慎落入庄家的多头陷阱里，短线操作者应尽快斩仓出局，长线投资者首先要仔细分析手中的股票基本面有没有发生实质性的变化。如果公司业绩良好且项目进展顺利，那么就只好长期抗战了。其次，要看一看大盘处于怎样的运行态势，如果大盘走势并未出现大的逆转，则大可不必惊慌。

　　短线高手操作策略：发现掉入重围后小损必须割肉出逃。

　　如图25，000898在2007年9月14日的连续急冲中已价量背离，属于多头陷阱，构筑大顶在即，即使被骗买入中套也必须割肉出逃。

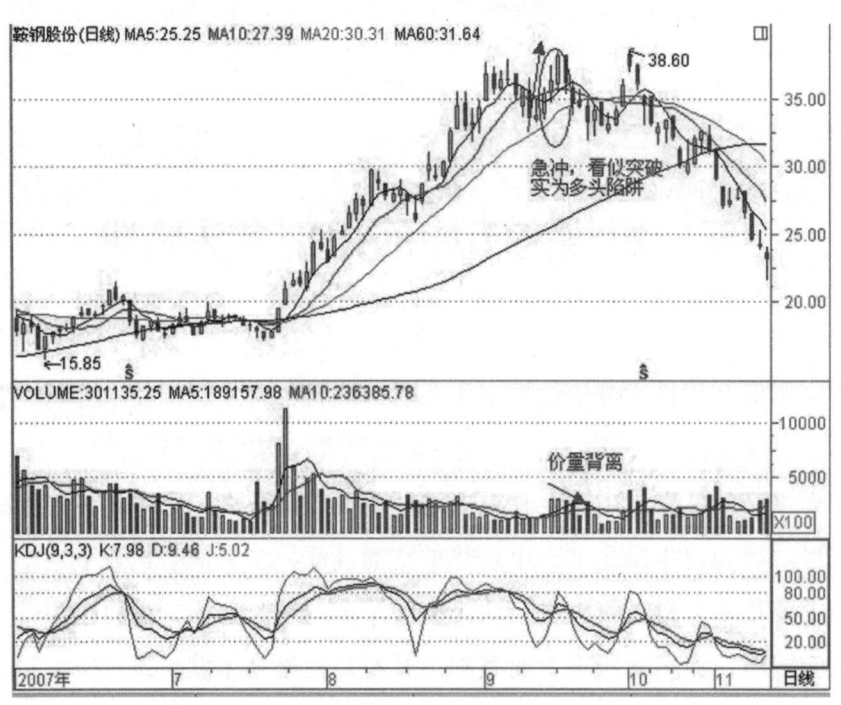

图25　多头陷阱

六、警惕除权后放量

庄股炒作的一条铁的规律是该股一定有大比例的送配消息。在大比例送红股、用公积金转送和配股消息公布前，庄股通常把股价都炒得很高了。这时候，一般有买卖股票经验的人都不会在高位买进。而股价大幅上升后，庄家拉抬也没有什么意义。所以股价要在高位企稳一段时间，等待送红股或公积金转送的消息。一旦消息公布，炒高了的股票大幅除权，使价位降到很低，30元的股票10送10就只有15元了。这时候，庄家利用广大中小散户追涨的心理，在除权日大幅拉抬股价，造成巨大的成交量。当散户幻想填权行情到来时，庄家却乘机大肆出货。

多股票除权后，的确会有填权行情，但要具体对待。一般来说，除权前股价已经翻了一番、两番甚至三番的股票很难立即填权。此外，除权后股本扩大，除权后也难以填权。只有那些在除权前庄家吸纳很久，正准备大幅拉升的股票在除权后才有可能填权。

值得指出的是，庄家利用除权后的成交量放大制造陷阱，有可能在除权当天进行，也可能要过几天，要根据当时的大局而定。有的一次出货不尽，就在除权后多次振荡，设置各种看似筑底成功的假象，在放量上攻途中出货。

对于大幅除权后的股票，投资者要仔细研究其股本扩张速度是否能和业绩增长保持同步。还要考察除权后流通股数量的大小及有无后续炒作题材，切不可放量就跟，见价涨就追。

短线高手操作策略：多看少动。

如图26，002097在2007年8月除权，10月放量急冲，因前期涨幅巨大，不可介入。

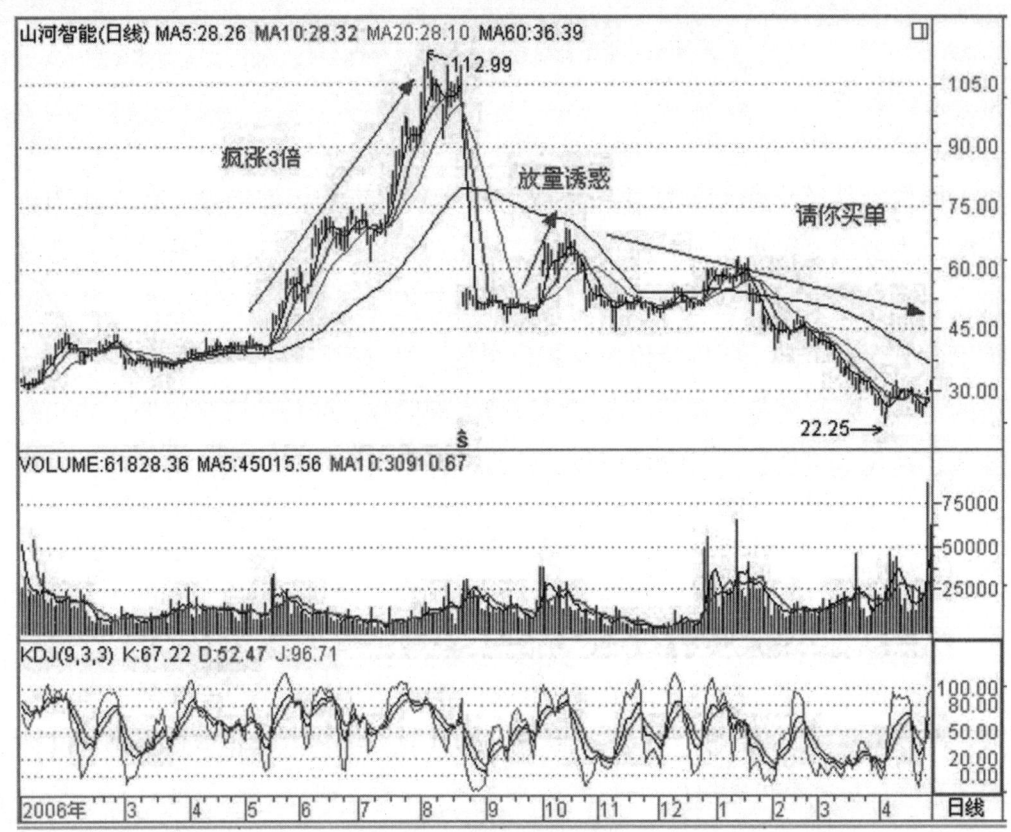

图26   "除权后放量"

七、短线高手如何判断庄家筹码锁定

　　短线赚不赚，关键看庄拉不拉。庄家什么时候最有炒作激情？庄家在廉价筹码吃了一肚子时最有激情。因此，散户跟庄炒股若能准确判断庄家的持仓情况，盯牢一只建仓完毕的庄股，在其即将拉升时介入，必将收获一份财富增值裂变的惊喜。这里面的关键是如何发现庄家已把筹码锁定。

　　一般具备了下述特征之一就可初步判断庄家筹码锁定，建仓已进入尾声。

　　其一，放很小的量就能拉出长阳或封死涨停。庄家进场吸货，经过一段时间收集，如果庄家用很少的资金就能轻松地拉出涨停，那就说明庄家筹码收集工作已近尾声，具备了控盘能力，可以随心所欲地控制盘面。

其二，K线走势我行我素，不理会大盘而走出独立行情。有的股票，大盘涨它不涨，大盘跌它不跌。这种情况通常表明大部分筹码已落入庄家囊中：当大势向下，有浮筹砸盘，庄家便把筹码托住，封死下跌空间，以防廉价筹码被人抢了去；大势向上或企稳，有游资抢盘，但庄家由于种种原因此时仍不想发动行情，于是便有凶狠的砸盘出现，封住股价的上涨空间，不让短线热钱打乱炒作计划。股票的K线形态就呈横向盘整，或沿均线小幅振荡盘升。

其三，K线走势起伏不定，而分时走势图剧烈振荡，成交量极度萎缩。庄家到了收集末期，为了洗掉短线获利盘，消磨散户持股信心，便用少量筹码做图。从日K线上看，股价起伏不定，一会儿到了浪尖，一会儿到了谷底，但就是总冲不破箱顶也跌不破箱底。而当日分时走势图上却是大幅振荡。委买、委卖之间价格差距非常大，有时相差几分钱，有时相差几毛钱，给人莫名其妙、飘忽不定的感觉。成交量也极不规则，有时几分钟才成交一笔，有时十几分钟才成交一笔，分时走势图画出横线或竖线，形成矩形，成交量极度萎缩。上档抛压极轻，下档支撑有力，浮动筹码极少。

其四，遇利空打击，股价不跌反涨，或当天虽有小幅无量回调，但第二天便收出大阳，股价迅速恢复到原来的价位。突发性利空袭来，庄家措手不及，散户筹码可以抛了就跑，而庄家却只能兜着。于是盘面可以看到利空袭来当日，开盘后抛盘很多而接盘更多，不久抛盘减少，股价企稳。由于害怕散户捡到便宜筹码，第二日股价又被庄家早早地拉升到原位。

短线高手操作策略：高度关注变盘征兆。

如图27、图28就是600150在2007年5月30日的走势，完全独立于大盘，说明筹码高度锁定。

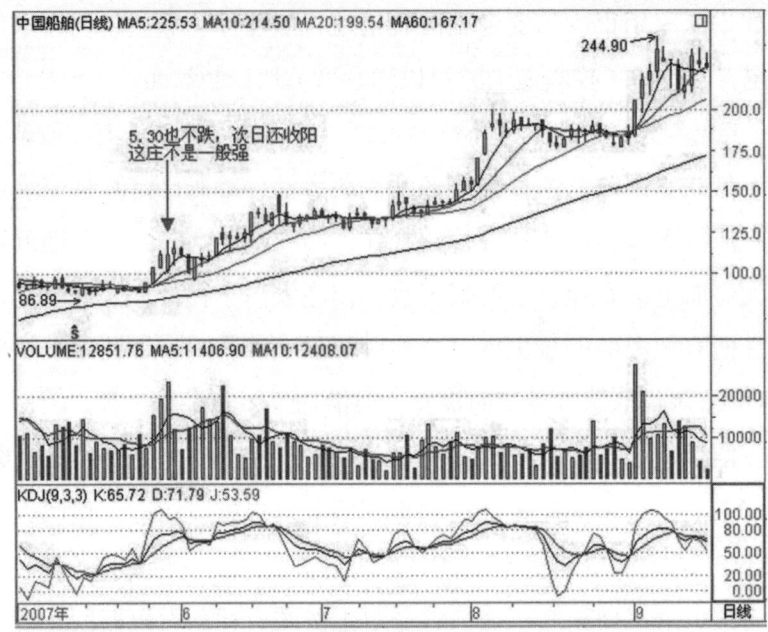

图27　筹码锁定示例1

图28　筹码锁定示例2

八、从委买、委卖看庄家动向

此方法是利用电脑辅助交易时所统计出的一定时间内的委托成交单数及成交值表，作为判断的依据，具体比较"委托买进笔数"、"委托卖出笔数"和"成交笔数"三者之间的互动、大小关系，加上当日股价变动趋势来综合研判市场主力的动向，具体方法如下。

（1）当"委托买进笔数"大于"成交笔数"，又大于"委托卖出笔数"时，说明一笔卖出的数量造成多笔买进的成交数量，那么，如果当日的股价是上涨的，表明市场主力正在酌量出货；如果当日的股价是下跌的，那就表明市场主力已经大量出货。如此这般，散户需抓紧时间下轿。

（2）当"委托卖出笔数"大于"成交笔数"，又大于"委托买进笔数"时，说明一笔买进的数量造成了多笔卖出的数量。那么，如果当日股价上升，即为市场主力在大量买进；而如果当日股价下跌，则表示市场主力在酌情买进；但如果当日的股价大跌，那就是主力庄家在进货时被散户套牢了。

（3）当"成交笔数"大于委托买进笔数，也大于"委托卖出笔数"时，表示多空分歧甚大，正在酝酿新的一轮行情。不过，如果这三个数字极为接近，就表示要买和要卖的此时都达到了目的，市场主力有的看好，有的不看好。

作为一个短线高手，可以从上述细节把握主力庄家动向。

九、用上下背离买入法跟庄

在实际操作中，投资者经常遇到的一个棘手问题，就是不知道如何区别洗盘与出货，其结果不是将洗盘误认为是出货而过早出局，错失获利良机，就是把出货误认为是洗盘而持股不动，错失出货良机而遭套牢之苦。那么，在短线要踩准节奏，有无高招？"上下背离买入法"在捕捉洗盘结束点方面有着十分准确的作用。

所谓"上下背离买入法"，其含义是："上"指的是上方的移动平均线，"下"指的是下方的MACD。"上下背离买入"是指在股价的上涨过程中出现了横盘或下跌，此时，5日移动平均线与MACD（其参数为8、13、9）的运行方向产生了背离。一种情况是在股价暂时下跌过程中，5日移动平均线同时下行，接近10日移动平均线或已经与10日移动平均线发生"死叉"，而MACD却拒绝下滑，DIF数值不减反增；另一种情况是在股价暂时横盘期间，MACD同时下滑甚至出现"死叉"，而5日移动平均线却拒绝下行，不跌反涨。当出现以上情况时，说明市场主力正在洗盘，没有出货，股价的下跌或横盘是暂时的，其后的行情往往是上涨而不是下跌，这一阶段投资者以买入或持股为主。

这里需要说明的是，"上下背离买入法"的使用有着严格的要求：并非所有符合"上下背离"的股票都能涨。一个较为成功的"上下背离短线买入点"在符合以上要求的同时，还必须满足以下条件：

（1）"上下背离"发生在上升三浪起点效果最好，也就是说，出现这种情况时股价刚刚上涨，幅度有限，还没有进行过主升浪；

（2）"上下背离"发生时，股价刚刚上穿30日移动平均线，30日均线开始走平或刚刚翘头向上，这说明股价已止跌企稳；

（3）"上下背离"发生时，MACD已经运行在0轴之上，这表明市场已处于强势之中，如果符合MACD连续二次翻红，效果更佳；

（4）"上下背离"发生时，如果出现的是第一种背离，当日成交量大于5日平均量时可考虑介入；如果出现的是第二种背离，当DIF由跌变涨的那一天，可考虑介入。

短线高手操作策略：在买入点出现时果断买入。

图29就是002171在2009年5月中旬的走势实例。

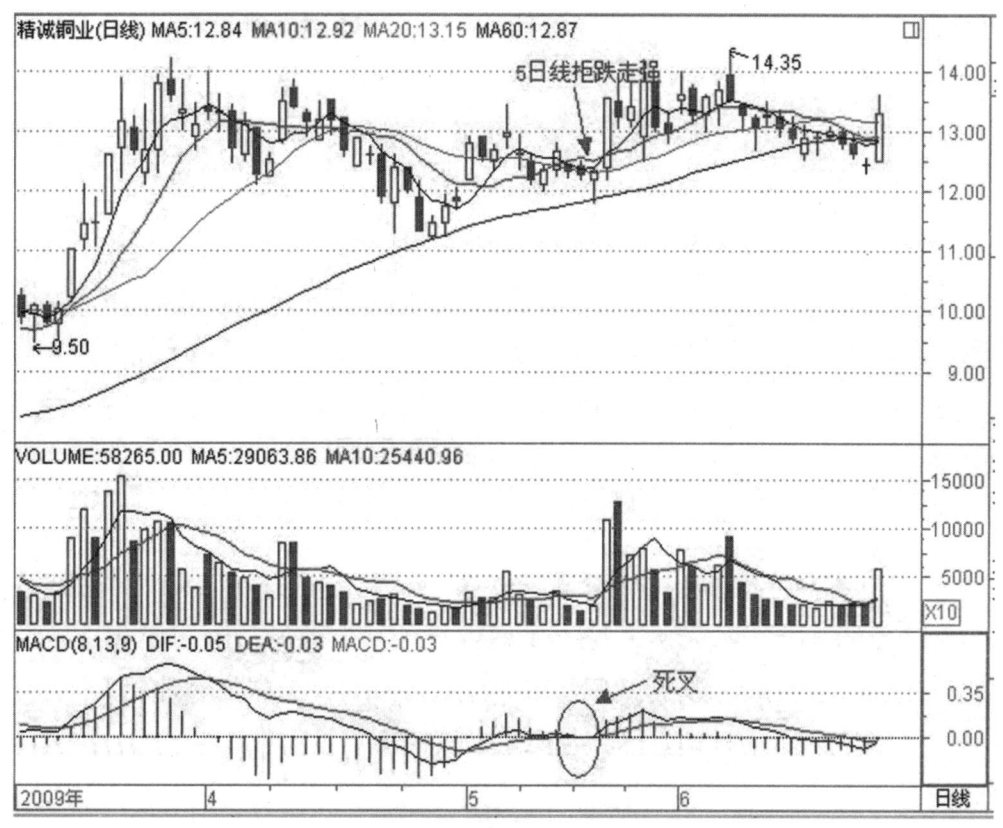

图29 "上下背离"案例

十、抓住二次启动点

庄家筹码吸足，人气鼎沸，大势看涨之时，是庄家再次启动拉升股价的最佳时机，此时庄家会根据持仓情况选择一个合适的拉升速度。一般来说。仓位重的拉升速度较大、走势陡，仓位轻则较为平坦，此段拉升庄家均会画出以后出货的空间。

由于庄家掌握着大量的股份，即便成不了第一大股东控制整个公司，但要搞出点名堂还是易如反掌的。再加上庄家同上市公司之间往往还会有许多内在的连带利益关系，所以此时两者之间关系空前地紧密，因此当上市公司公布利好公告之时，也往往是庄家出货前最后的一轮炒作。中小股民看到利好跟风介入强势股，正是庄家所期望的，也大大增强庄家的炒作激情。当股价越炒越高，欲罢不能之时，庄家则已经悄悄地出局了。

在此阶段中，庄家的操作一般较为轻松，因为随着股价的再次启动，成千上万的资金像流水一样进入了庄家的口袋，但如果此时基本面发生突变或出现更具吸引力的股票，容易使跟风者的资金流动发生转向，从而导致庄股失宠为冷门股，此时庄家为了出货则不得不另出高招，进行自救。

短线高手操作策略：在出现二次启动点时果断买入。

如图30、图31两图就是600331在2009年3月17日前后再次启动的走势实例。

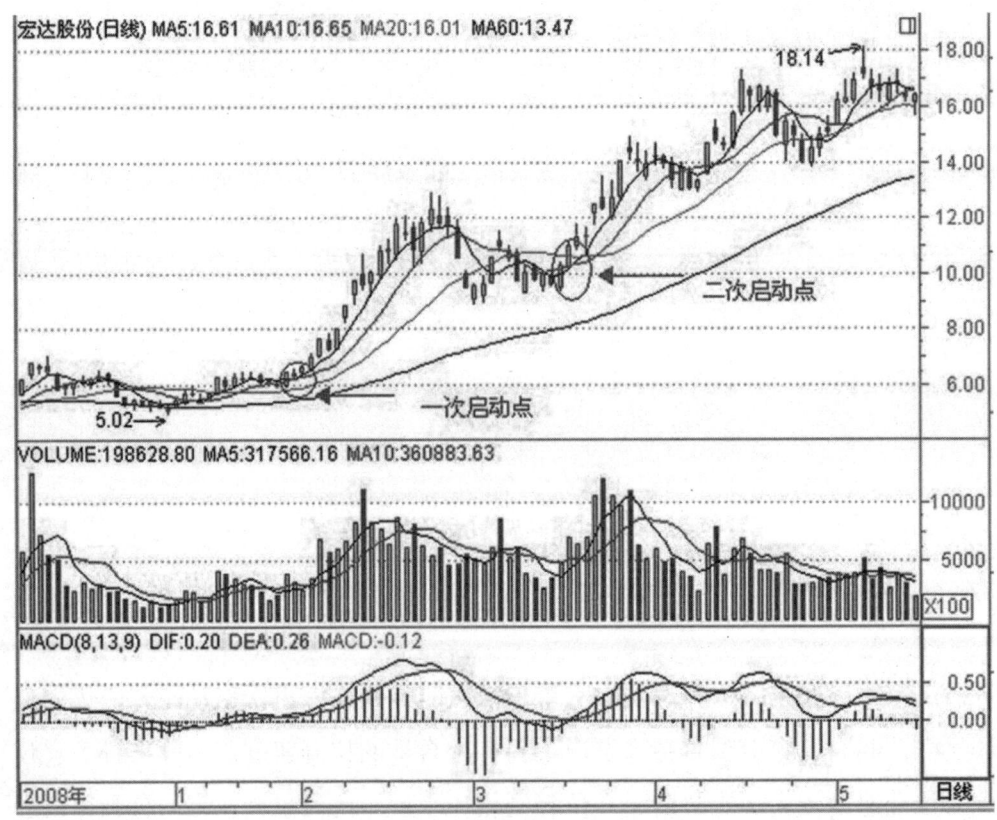

图30　"二次启动点"示例1

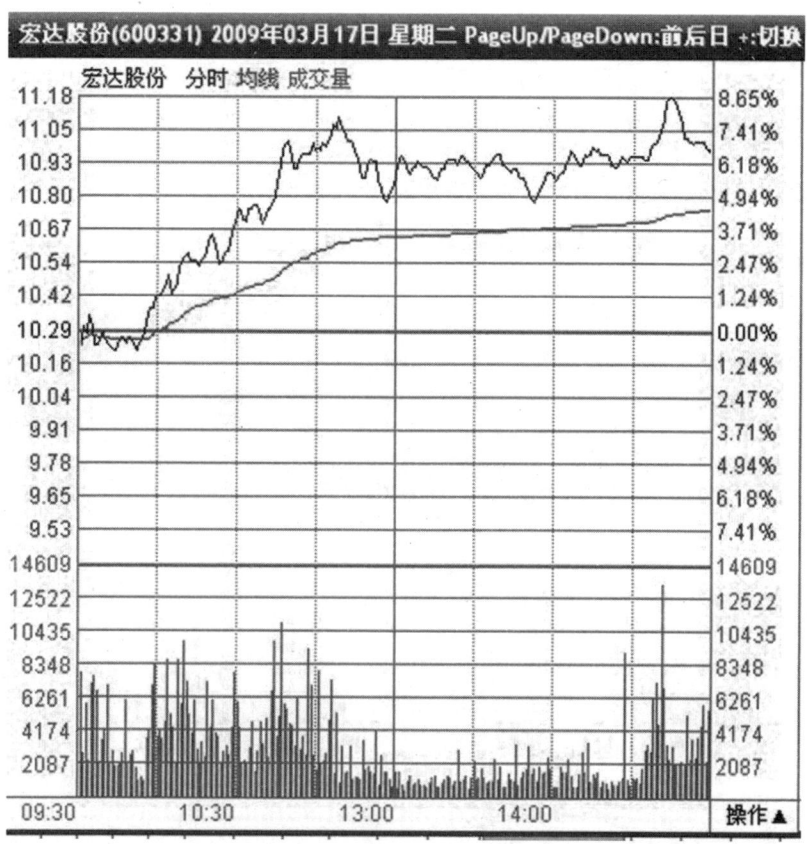

图31 "二次启动点"示例2

十一、如何估计拉升周期

　　庄家拉升的周期也就是庄家拉升股价需要花的时间长短。相对于建仓阶段、出货阶段来说,拉升阶段的时间周期最短,拉升幅度的大小以及时间的长短是体现庄家实力与操盘风格的所在,同时拉高是庄家获利的关键,在庄家的操作中具有决定性意义。一般短线行情在1~2周,中级行情1个月左右,长庄股在3个月左右,个别大牛股的升势可能超过1年。

　　从另外一个角度来看,一般底部横盘结束以后的拉升时间在10~30天,以震荡方式上行的个股拉升的时间约两个月。为出货而快速拉升,中途没有震荡或振荡幅度小、时间较短的需要20天左右，途中有振荡且幅度大、时间长的需要2个月左右。拉升时间通常与拉升性质、拉升方式、上涨速度有关。

短线高手操作策略：估计好周期，而不是天天持股。

图32就是600331在2009年1月、3月的走势实例。

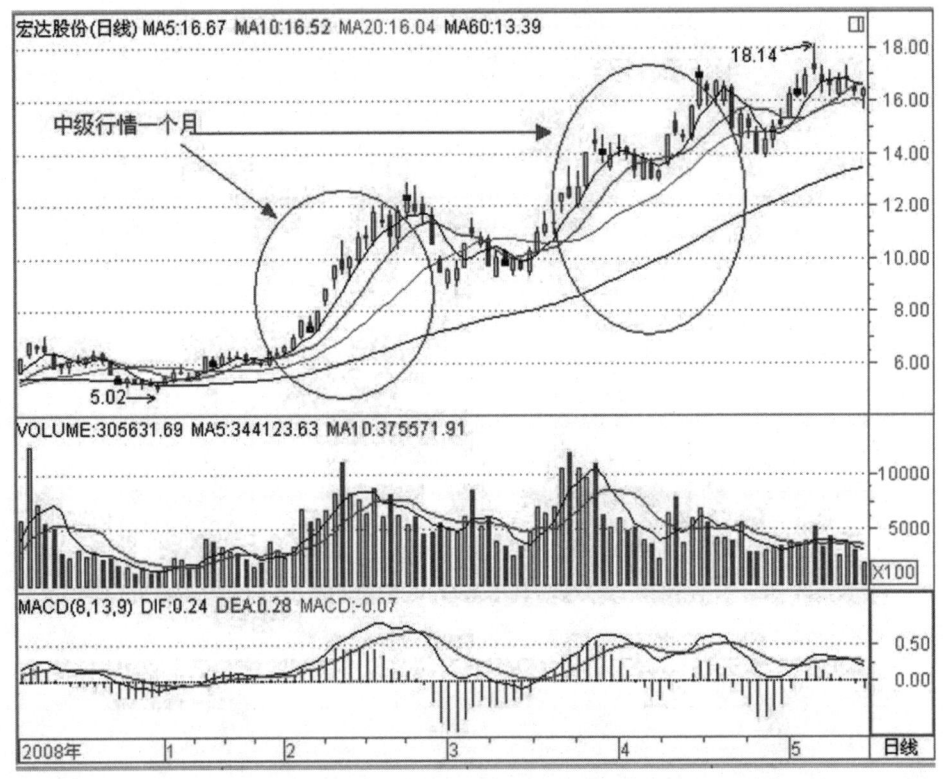

图32　拉升周期案例

十二、如何估计拉升幅度

庄家的拉升幅度是指庄家拉升目标股的空间。这里所指的拉升是指股价经过底部的充分换手并洗盘，且脱离底部庄家成本区域又进行过多次充分盘整后，股价向顶部区域的快速挺进，是股票上涨最为疯狂的阶段（收益最高、挣钱最快、特别适合短线高手操作），拉升空间就是庄家拉升股价所达到的幅度。

股票拉升的幅度取决于目标股的炒作题材、市场人气、股价定位、技术形态、庄家成本、筹码分布、股本大小、庄家获利的目标等各种因素。其中，庄家的意志和实力是最具有决定性的。股价拉升的幅度最少也要达到30%，否则的话就没有获利空间。一般情况下是50%以上，超过100%的也常见。流通盘较大的、基本面较差又无可以看好的理由的，幅度相对小一些。

股票拉升幅度也可以参考股票的最低价确定，从底部最低价起算，按涨幅的80%、100%、150%或者200%以上分别确定拉升可能达到的价位。

庄家拉升阶段的幅度与庄家出货阶段的计划密切相关，有时庄家在拉升阶段，还需要拉升出一定的出货空间。

短线高手操作策略：估计好拉升幅度，而不是天天持股。

图33就是600331在2009年1月、3月的走势实例。

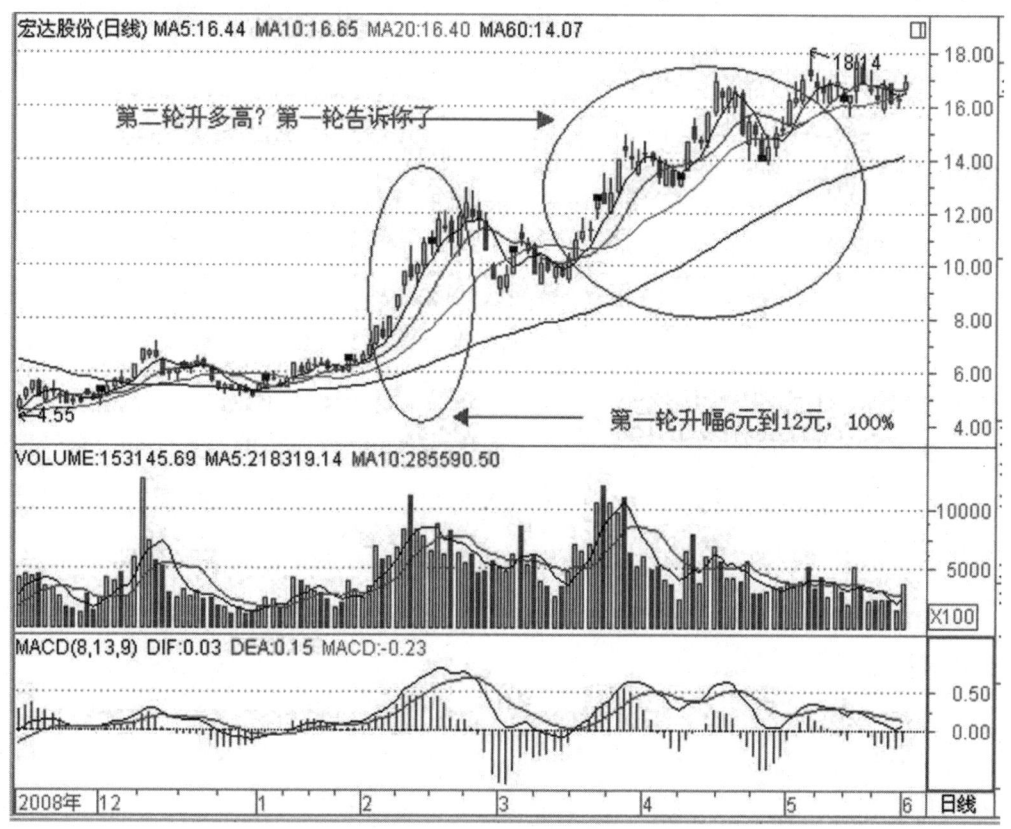

图33　拉升幅度案例

十三、拒绝庄家拉高出货的诱惑

在行情末期，庄家往往会拉高出货。这种出货手段基本表现是在大势到顶之时，庄家在大盘人气高涨，群情激昂，买气最盛时，一般会采用这种出货方法。出货时，庄家主要利用个股利好传闻吸引买家，在上档每隔几个价位放上几笔大的卖单，然后趁人气鼎盛时，率先快速小批量买进，以此来刺激多头人气和买气，引诱跟风盘去抢上档的卖单。在股价快速上涨的过程中，庄家不知不觉地将筹码转换到中小投资者手中。

庄家利用对股价的大幅拉升，增加出货空间，利用投资者追涨行为将筹码大批量在短时间内派发，然后利用反弹继续拉高派发。采用这种手法时一般正值大势见顶，成交活跃之时，此时不派，更待何时。由于派发前有一个拉高过程，且具备拉高空间，所以庄家获利丰厚。但正是由于庄家必须在派发前先进行拉高，也增加了庄家风险，有可能使庄家在拉高时吃进许多高价筹码，从而增加拉升成本。所以庄家往往利用每日开市后几分钟将股价高开并拉高，吸引散户追涨而出货。

拉高出货有一个较普遍的共性，就是庄家往往在大盘刚刚止跌后不久，就开始有计划地拉高出货。这是因为这类股票筹码比较集中，只要庄家自己不抛售手中的筹码，股价受到的实际上行压力并不会很大。另外，只要大盘不跌，就不会有过多影响拉高的因素。

在大盘止跌初期，市场投资者还没有太多的投资思路和头绪，此时能异军突起的个股，就会得到更广泛的关注。大盘一旦真的走强，这类股票可以借助大势的力量大面积派发。如果大盘再度沉寂，对股票本身也没有太大的影响。

庄家采用这种方式出货时，经常会和打压式出货组合起来运用，这样会产生更好的效果。

强庄股出货，通常会选择这种拉高的方式出货。只有在万不得已的时候，庄家才会选用打压方式出货。

这种拉高出货方式适合于短线操作场合；中小盘股，出货量不太大；行情火爆之时，杀低者少，追高者众多。在著名的"5.19"行情中非常常见。

短线高手操作策略：凡见拉高出货，必走。

图34就是000893在2001年5月的走势实例。

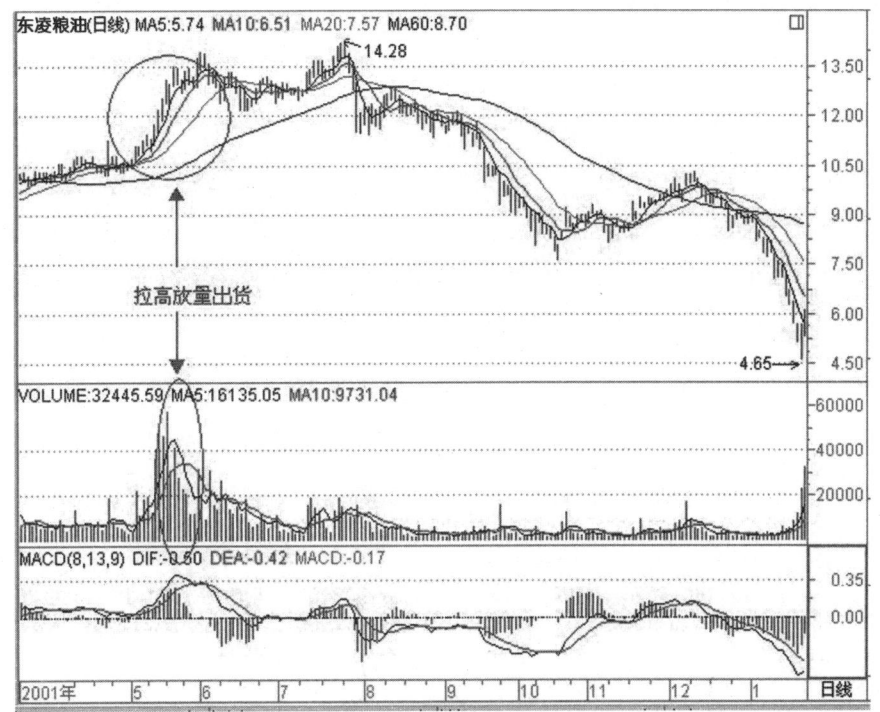

图34　拉高放量出货

十四、从开盘看短线买点

9点25分到10点这个时间段的开市状态及后续的走势需特别留意，一是因为开盘价在K线图中占有很重要的分量，二是庄家往往在这段时间试盘。比如庄家当日若想拉升的话，就常常会在集合竞价时以较大的买单推高股价，以便察看市场上的抛压大小，所以一些有经验的股民往往会对这期间的股价走势特别留意。

首先要关注9点25分到9点30分的集合竞价。集合竞价是每一个交易日的第一个买卖时机，庄家常借集合竞价跳空高开拉高出货，或者跳空低开打压建仓。一般而言,散户资金量少,不能操纵股价,投资策略多是卖出跌势股,买入热门股或强庄股,而庄家操盘恰恰反其道而行之,常常利用集合竞价,卖出热门股,买入超跌股。当9点25分,集合竞价出现时,散户若发现手中持有的热门股跳空高开,缺口很大并且伴有巨量时,就应提高警惕,而开市仅半小时即达到5%的换手率时,则应作逢高派发的准备,而此时一般不应盲目追涨热门股。反之,当9点25分,集合竞价出现时,散户若发现手中的热门股向上跳的缺口较小,量价关系配合良好,散户经仔细分析前期量价趋势后,可以追涨。简言之,集合竞价时,庄家会选择前期的强庄股、热门股做文章,黑马股则多是在尾盘中杀出。

9点25分到10点的时间段,一般来说,对于那些已经形成突破走势或强势冲高的个股来说,这是一天的最佳介入时间。因为庄家一旦试盘发现抛压较小,往往就会由此展开升势。而对于那些已经形成向下突破趋势的来说,这开盘30分钟也是最佳卖点,因为收盘时的股价还会更低。

短线高手操作策略:在分时走势图上突破时买入。

图35、图36两图就是000893在2009年2月2日的走势实例。

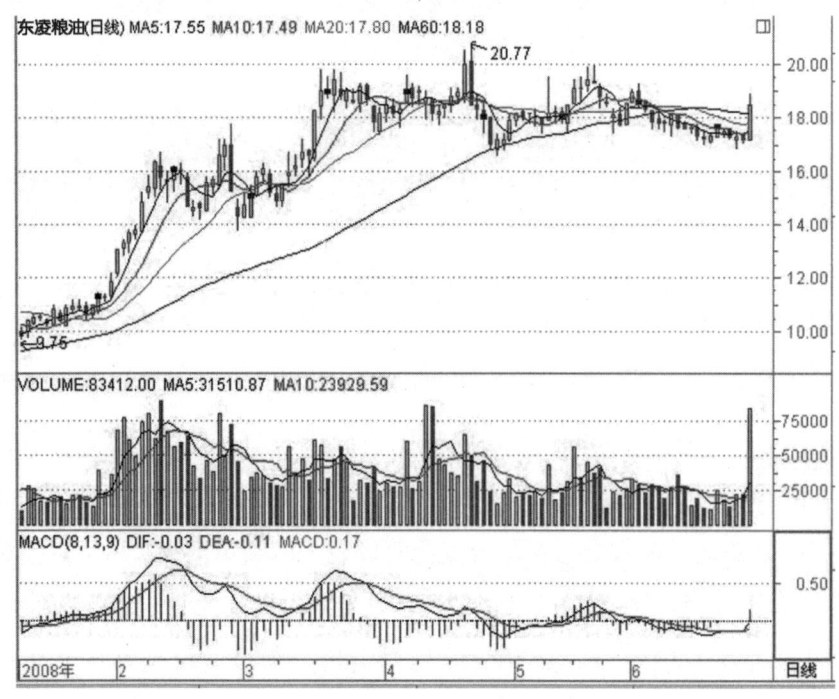

图35 分时走势图1

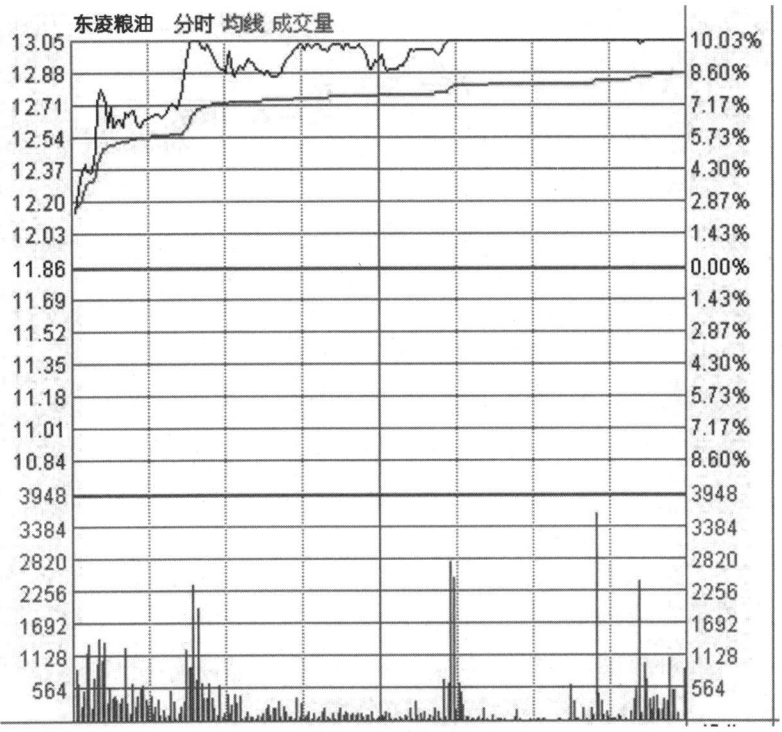

图36　分时走势图2

十五、区分两种打压方式

　　打压有打压出货和打压洗盘两种方式，同样以使用"打压"为手段，其目的和意义却截然不同。打压出货以庄家派发筹码为目的，以打压为手段。打压洗盘则是通过"打压"的手段清洗获利筹码，震出不坚定分子，从而促进筹码快速换手，以提高其他投资者的成本为目的。因此要做好短线，有必要对两者加以详细的区分。

　　打压洗盘：由于庄家的目的是清洗获利筹码，促进筹码换手，震出不坚定分子，所以庄家既想打低股价吓出获利筹码和市场中的不坚定分子，又不想丧失手中的廉价筹码，因而庄家往往采用向下挂单对敲，以诈单或空中对敲的形式打低股价。从盘面走势上来看，股价跌势极为凌厉，鲜有反弹。5分钟K线上留下多个向下跳空缺口，成交量暴增。但仔细观察却能发现，绝大部分成交量来自对敲的成分，这是庄家的诡计。打压洗盘从日K线上来看，往往是巨量长阴，形态极为恶劣，主要是吓唬那些不仔细观察盘面的技术派人士，造成一种放量出货的假象。这一招不仅蒙蔽很多散户投资者，甚至一些号称大师级的股评人士也是屡屡中招。

打压出货则与此有所不同。庄家利用的是跟风盘正旺盛的时候，趁投资者好梦未醒，而突然反手做空，先套牢后进买盘，接着将敢于抢反弹的人士一网打尽。从盘面上来看，虽然也是快速下跌，但盘中多有反弹，以吸引买盘跟进，同时稳定套牢者之持股信心，但股价总体走势呈逐波下探之势，重心快速下移，在日K线上往往形成长阴线。由于股价下跌的过程中卖出的成交量为真实卖盘所致，所以常常一张卖单打低数个价位，而盘中向上做反弹时，却有对敲盘出现，其目的是引诱跟风盘。因此，打压出货未必有巨量成交放出，相反，由于抢反弹的人越来越少，成交量还会逐步缩小。

短线高手操作策略：打压洗盘买入，打压出货抛出。

图37、图38两图就是002110在2009年上半年的走势和000821在2008年下半年的走势对比实例。

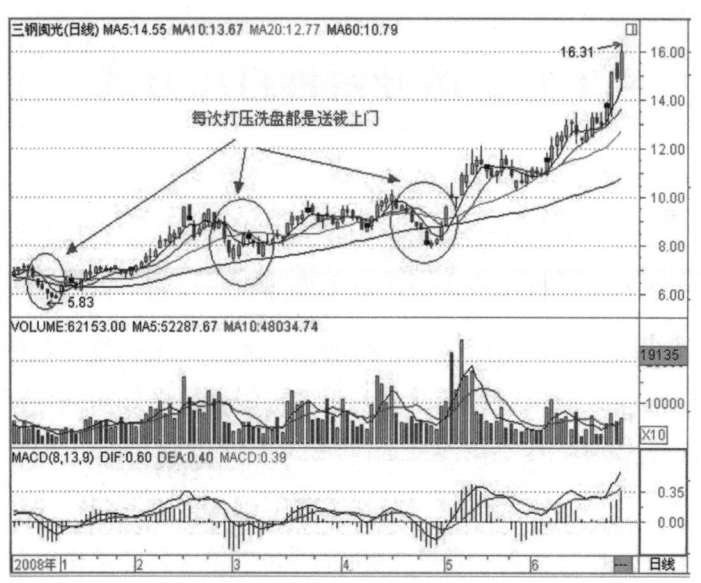

图37　打压洗盘示例1

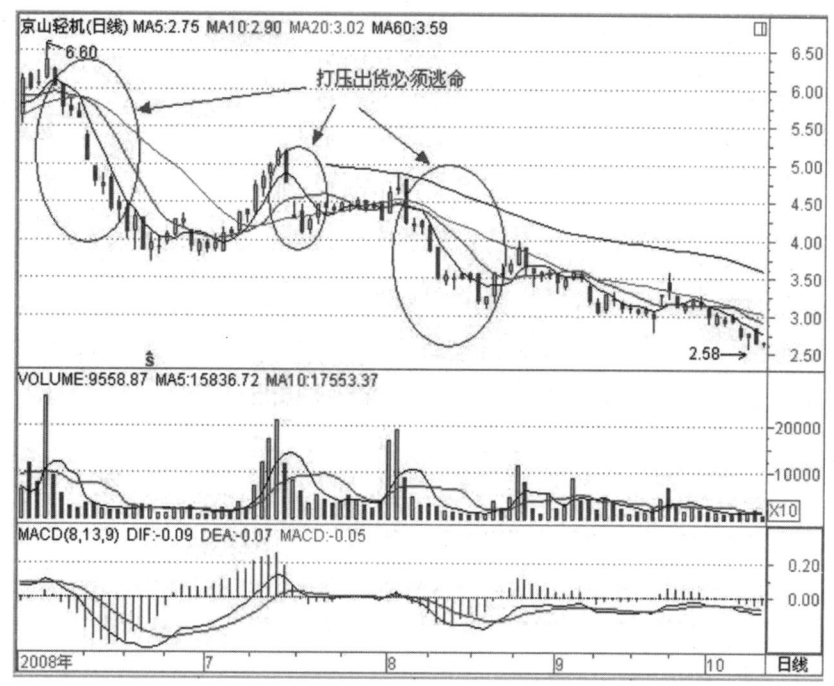

图38　打压洗盘示例2

十六、区分两种横盘方式

打压有打压出货和打压洗盘两种方式，横盘也有横盘出货和横盘洗盘两种方式，也有不同的效果。

横盘洗盘，庄家主要以换手为主要目的，庄家只有在关键时刻才会在高位或低位出现，以主动性买点或卖单来控制股价，使得股价出现横向整理走势，促使中小散户投资者自由换手。在横盘洗盘的过程中，庄家真正参与买卖的行为并不多，所以走势沉闷，但股价坚挺，成交量也较萎缩。出现这种情况时，标志着筹码日益集中，筹码逐步锁定，最终放量向上突破，标志洗盘结束。

横盘出货则恰恰相反。由于庄家这个时候是以抛售筹码为主要目的，因此导致在整个横盘形态演变的过程中，庄家表现得最为活跃，常常作出各种各样的假突破姿态，以此来引诱跟风盘。随着庄家不断抛售筹码，盘面浮动筹码日趋沉重，股价走势也日趋疲软。每次股价跌至低点，庄家出来维持股价时，都会显得特别沉重。造成庄家控盘沉重的原因，是前期庄家抛出的筹码分散到散户手中后，庄家控盘能力下降。横盘出货表现在成交量上的特征，是在整个形态演变过程中成交量能较活跃，并且始终不能萎缩。在横盘洗盘的过程中，则不需要太大的成交量来维持股价横盘的走势。股价在这么高的价位横盘，肯定不会存在换庄的可能，再加上盘面浮码日趋沉重，这时只有一种可能，那就是庄家在出货。

短线高手操作策略：横盘洗盘买入，横盘出货抛出。

图39、图40两图就是600139在2007年上半年和在2008年下半年的走势对比实例。

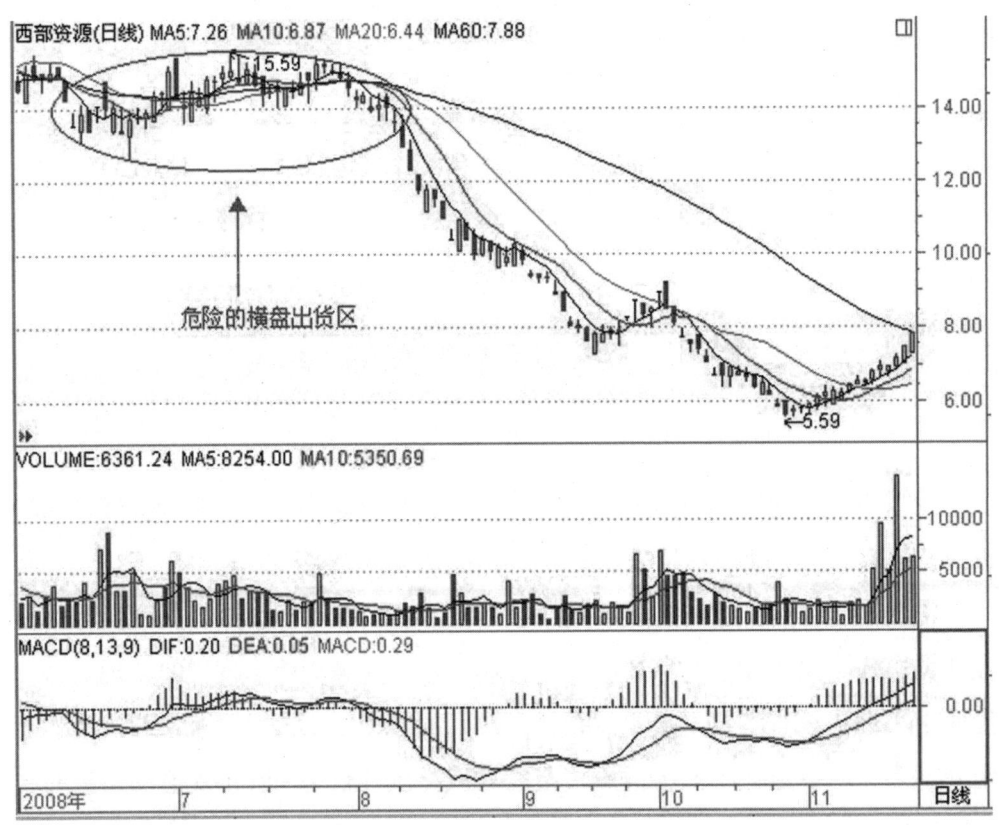

图39　横盘示例1

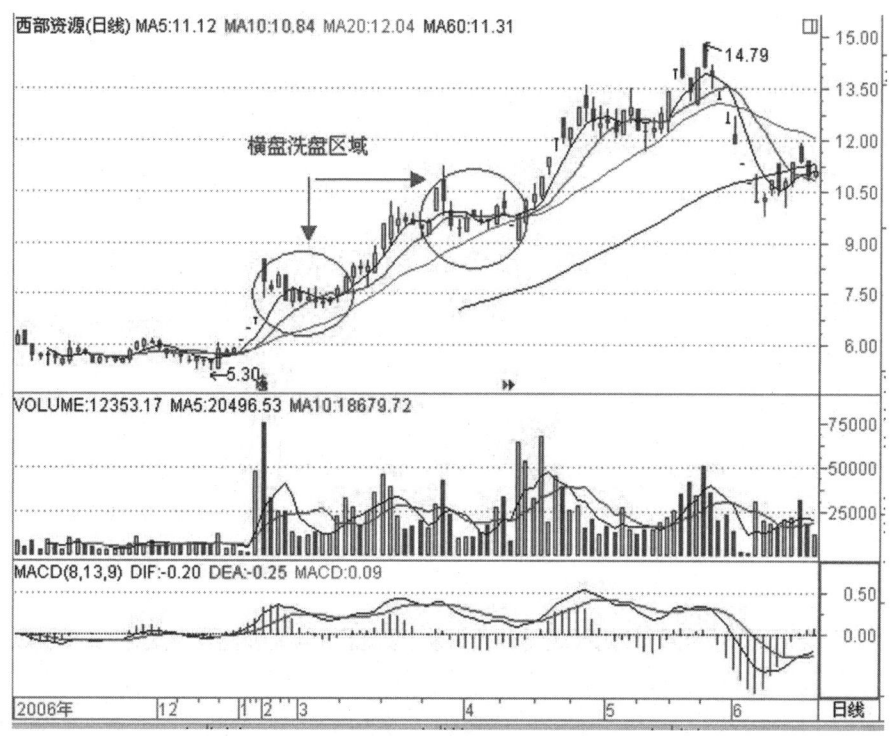

图40　横盘示例2

十七、从技术形态上区分洗盘和出货

1. 从均线系统上看

洗盘时，股价始终维持在10日线之上，即使跌破也并不引起大幅下跌，而是在均线下缩量盘稳，并会迅速返回均线之上；出货时，股价盘跌均线走平，均线系统多头排列被破坏或开始向下，最终跌破均线系统并以阴跌形势向下发展。

洗盘时，股价在庄家的打压下快速走低，但在下方获得支撑，缓缓盘上，出货时，股价在庄家拉抬下快速走高，之后缓缓盘下。

洗盘时，均线上攻的斜率不是很陡，且喇叭口刚刚发散，出货上攻的斜率一般大于45度角，且喇叭口发散程度放大。

2. 从成交量上看

洗盘时，股价下跌而成交量无法放大，洗盘完毕，股价再次回升时成交量慢慢放大；出货时，股价上升持续时间短，成交量并不很大，有许多对倒盘，但股价下跌则伴随着大成交量。

3. 从K线形态上看

洗盘时，日K线一般不会连拉大阴线，顶多拉2至3根中、小阴线；出货时，日K线经常连拉中、大阴线。

4. 从盘面看

洗盘时，盘面浮筹越来越少，成交量呈递减趋势；出货时，盘面浮筹越来越多，成交量一直保持在较高水平。

洗盘时，反弹力度较小，如此不会恢复持股者的信心；出货时，反弹极大，吸引散户对庄股保持信心。

短线高手操作策略：洗盘买入，横盘抛出。

图41、图42两图就是600985在2008年下半年的走势实例。

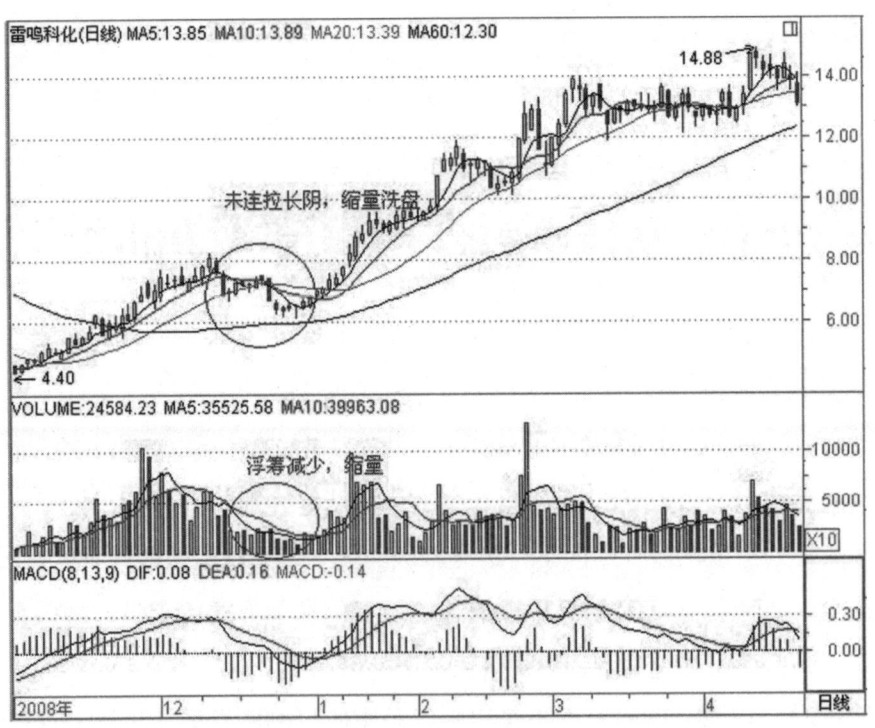

图41 洗盘示例

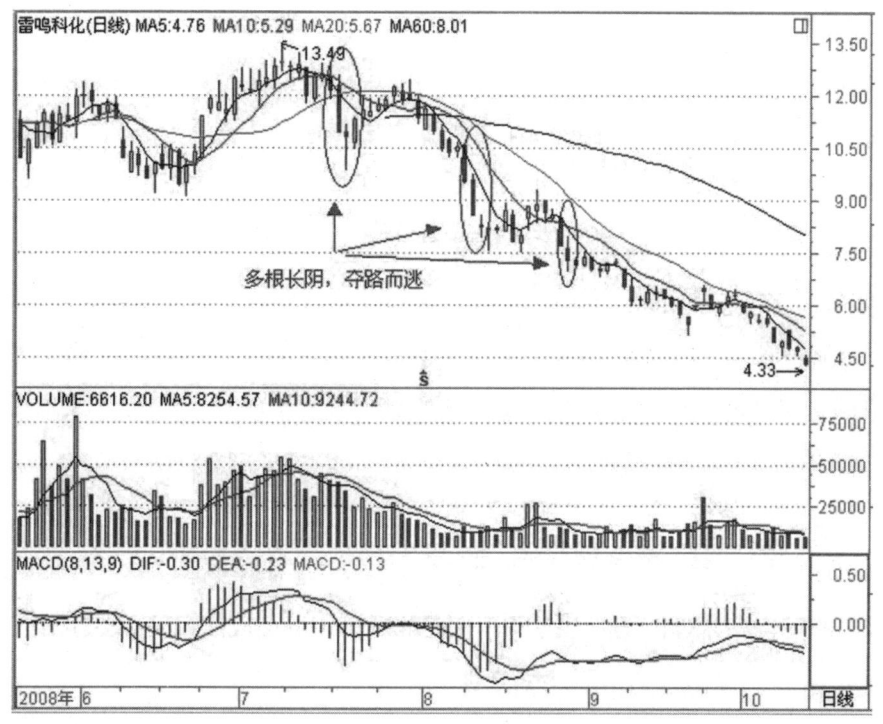

图42　出货示例

十八、短线选好埋伏点

　　股价运行呈涨跌交替的特征，跌时孕育涨势。一轮多头行情中一般会出现三到四次比较大的回落整理，整理的末端恰恰是投资者回补的大好时机，因此可在股价回调整理的末端提前埋伏买入，等待股价拉升。

　　那什么是股价整理的末端呢？成交量萎缩到极点，股价跌无可跌的时候，就是股价整理的末端。

　　股价从高位开始回落之初，人们对股价反弹充满信心，市场气氛依然热烈，股价波动幅度在人们踊跃参与之下显得依然较大。但事实上，股价在震荡中正在逐渐下行。不用多久，人们发现这时的市场中很难赚到钱，甚至还常常亏钱，因此参与市场的兴趣逐渐减小。而参与的人越少，股价更加要向下跌，离场的人越来越多。然而，经过长时间的换手整理，大家的持股成本也逐渐降低，这时候股价下跌的动力越来越弱，因为想离场的人已经离场了，余下的人即使股价再跌也不肯斩仓。这样，股价不再下跌，成交量极为萎缩，成交量萎缩代表抛盘力量衰竭，抛盘力量衰竭才有止跌的可能。下跌走势之中，成交量必须逐渐缩小才有反弹的机会，但是，量缩之后还可能更缩，到底何时才是底部呢？只有等到量缩之后又量增的一天才能确认底部，所以，短线高手必然重视量缩之后的量增，只有量增才反映出股票供求关系改变，只有成交量增大才可能使该股有上升的动能。

短线高手操作策略：在波幅逐渐减小，缩量到极点的区域埋伏进入，在增量拉阳后增仓。

图43就是600726在2009年年初的走势实例。

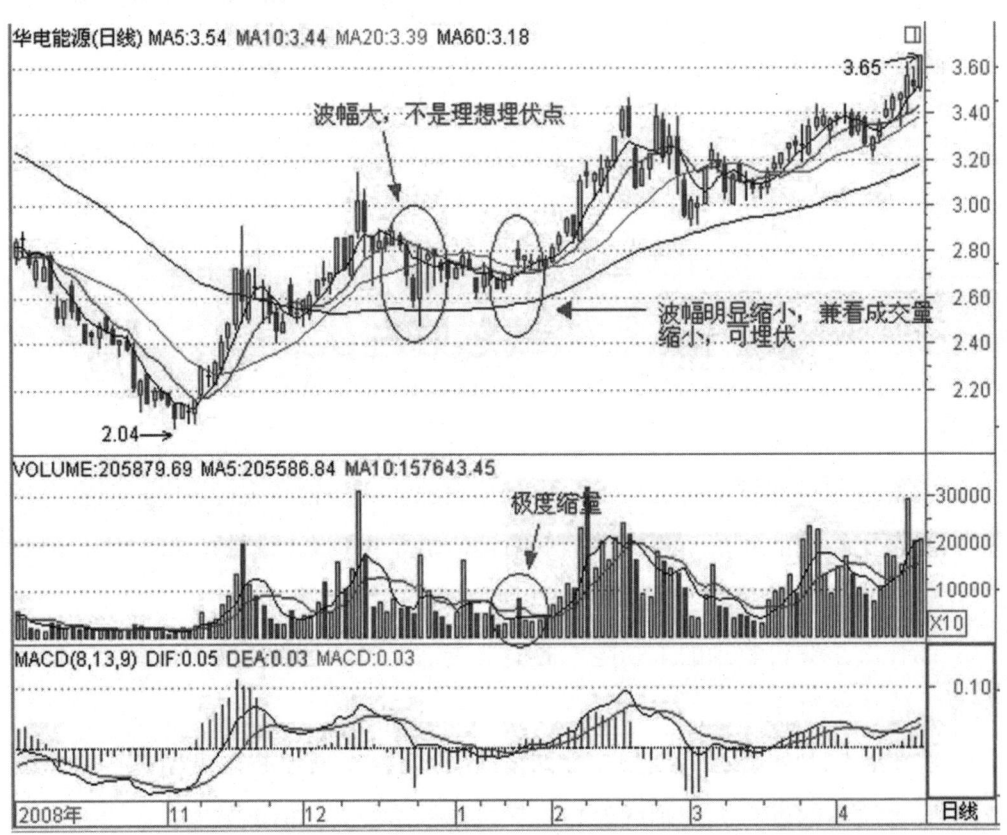

图43　埋伏进入点

十九、牛市反弹怎么抢

牛市行情中往往遇到急调，暴跌。典型的如"5.30"行情。那么大幅下跌后，怎么抢反弹获利？

多头行情中的暴跌股价在正常运行当中突遇大盘调整或个股重大利空，无量大幅下跌，有时股价会跌破90、100天线，属于反应过度，当大盘企稳或恐慌性杀跌力量衰竭的时候，股价可重拾升势。这时可抢反弹买入。

那么，暴跌以后什么样的股票上涨幅度会比较高呢？具有某些特征的股票反弹起来速度快，幅度大。一种是超跌类。走势特征如下：

· 跌幅深。

· 离前期头部（套牢盘）远。

· 下跌无量或成交量逐步萎缩。

· 下跌过程中无反弹，没有形成颈线。

· 下跌前头部形态简单，没有形成长时间盘区。

· 一上涨就放量涨停或放量的大阳线，以后连续放量上攻，上升斜率较陡，容易形成V形翻转，可追涨买入。

· 第一浪反弹时股价形态是成交量温和放大的三连阳、五连阳、七连阳，甚至十几天连拉阳线，再次回落时成交量萎缩，调整时间短暂，可买入，第三浪上升会比较猛烈。

短线高手操作策略：在空头力竭时、马上形成V形翻转时买入。

图44就是002013在2007年5月30日后的走势实例。

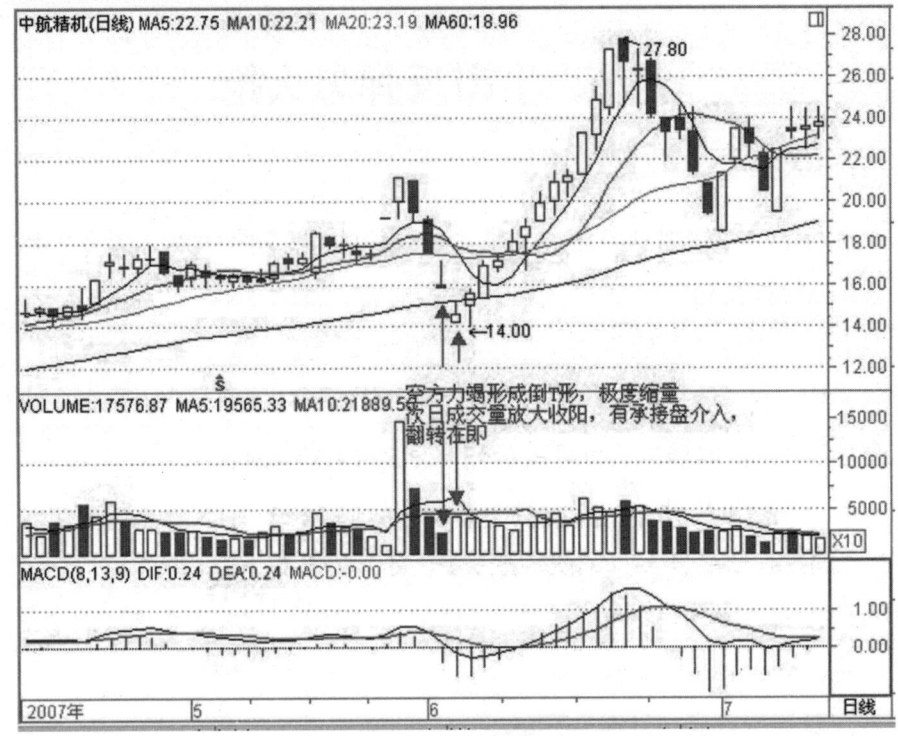

图44　牛市反弹

二十、熊市反弹怎么抢

　　熊市中股价大幅下挫后会出现反弹。大盘反弹的标志，就是底部会出现一根涨幅超过2.5%或3%的放量大阳线，第二天、第三天继续拉阳线，但涨幅可能会缩小。要判断反弹能否继续，就要看回落整理的情形。回落整理时空方力量弱小，成交量萎缩，筑双底后多头再次放量上攻，后量超过前量，反弹成立。股价反弹通常会到达42、55天线，在42、55天线遇阻回落，回落后再次反弹，反弹到90、120天线再次回落。熊市中的大盘反弹，高度大约在12%~25%。

　　股价探底反弹一般也不会一次就完成，股价反弹之时大可不必立即去追高。一般来讲，小幅反弹之后股价会再次回落到接近上次低点的水平，这时候应该仔细观察盘面，看看接近上次低点之后抛压情况如何，接盘情况如何。最佳的双底应该是这样的：股价第二次下探时成交量迅速萎缩，显示出无法下跌或者说没有人肯抛股的局面。事情发展到这个阶段，双底形态可以说成功了一半。那么另一半决定于什么呢？决定于有没有新的买入力量愿意在这个价位上接货，即有没有主动买盘介入。一般来讲，股价跌无可跌时总有人去抄底，但有没有人愿意出稍高的价钱就不一定了。如果股价二次探底之时抛压减轻，但仍然无人肯接货，那么这个双底形态可能会出问题，股价在悄无声息中慢慢跌破上次低点。这样探底就失败了。

只有当二次探底时抛压极轻，成交萎缩之后，又有人愿意重新介入该股，二次探底才能成功。在这种主动性买盘的推动下，股价开始上升，并以比第一次反弹更大的成交量向上突破，这个双底形态才算成功。

短线高手操作策略：快进快出是必须遵守的铁律。

图45就是000952在2008年4月中旬后的走势实例。

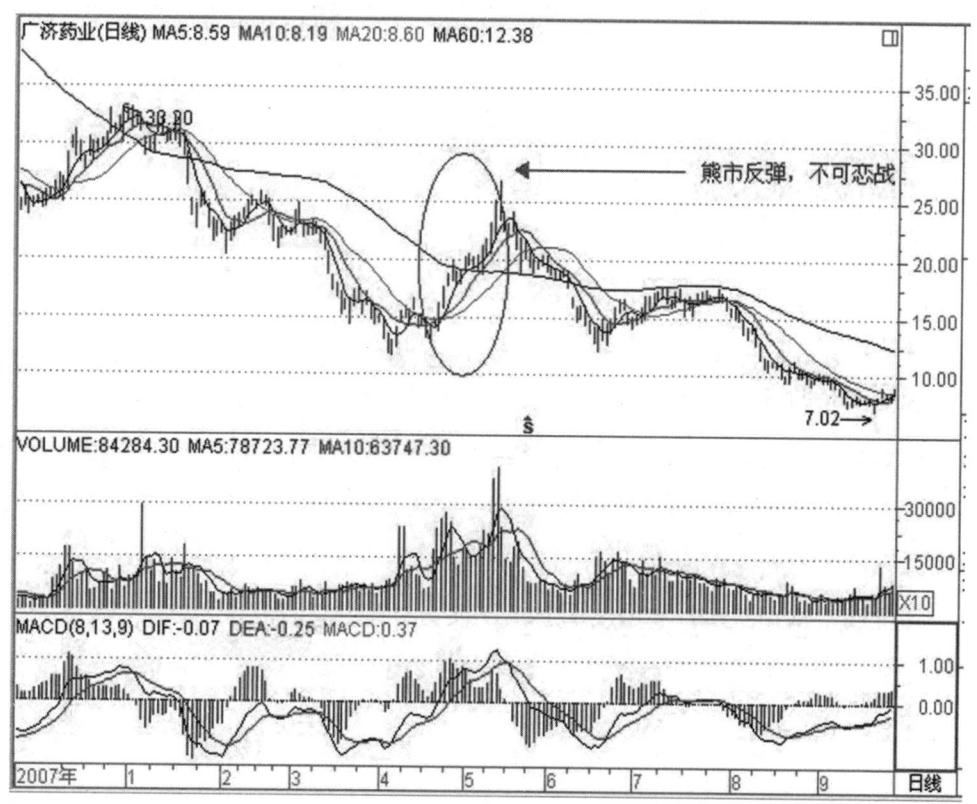

图45　熊市反弹

二十一、短线如何用均线

均线系统作为技术分析的辅助工具具有较强的实用性和有效性，因此，有必要对均线的实战技术做一个阐述。均线系统包括以下均线：短期均线为3、6、9、13、18天线；中期均线为42、55、90、100天线；长期均线为120、150、250天线。

均线系统应用中遇到的第一个也是最难的一个问题就是何谓有效上穿、跌破均线，什么样的情况为获得均线的有效支撑？

一般来说，股价上穿均线的时候，有以下特征可视作有效：

· 上穿时K线干净利落；

· 拉中阳线或大阳线；

· 成交量配合；

· 多次穿越：如果一次上穿后不久回落到均线以下，回落幅度不深，再次或三次上穿，一般情况下都会成功。

股价跌破均线的时候，有以下特征可视作确效：

· 跌破时K线干净利落；

· 拉中阴线或大阴线；

· 跌破反抽：如果股价跌破均线后不久反弹到均线或以上，再次回落，大多为有效下破。

如果股价在盘中跌破均线，不一定意味着均线失守；如果股价在一两个交易日里无量跌破均线，不一定意味着均线失守；如果后面的交易日股价重新返回均线上方，说明均线的支撑作用有效；如果股价两次或三次在均线处获得支撑，说明均线的支撑作用有效。

短线高手操作策略：有效突破均线，买入；反之，卖出。

图46、图47两图就是600547在2009年1月和2008年3月的走势实例。

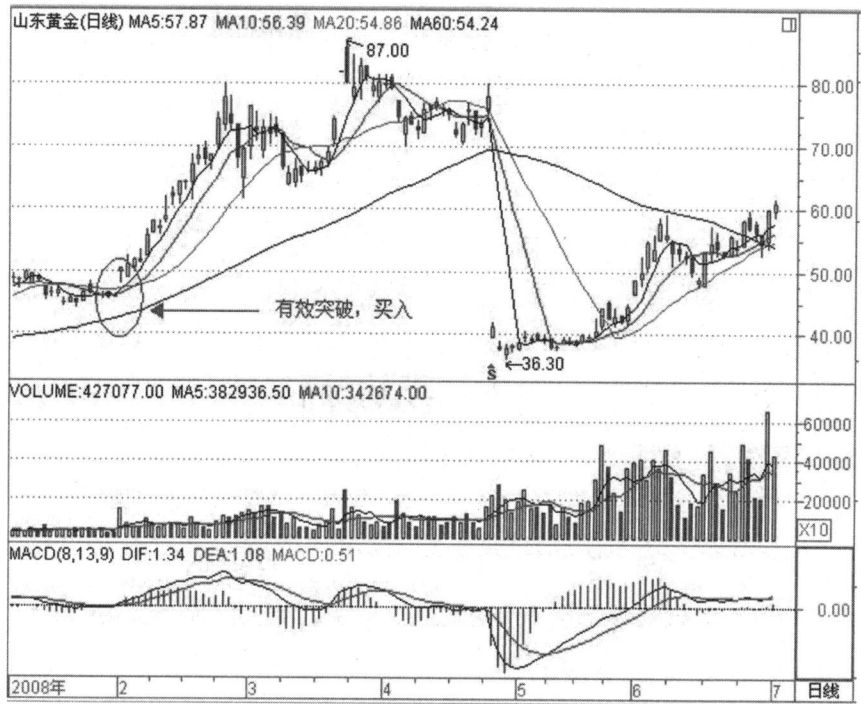

图46　有效突破，买入

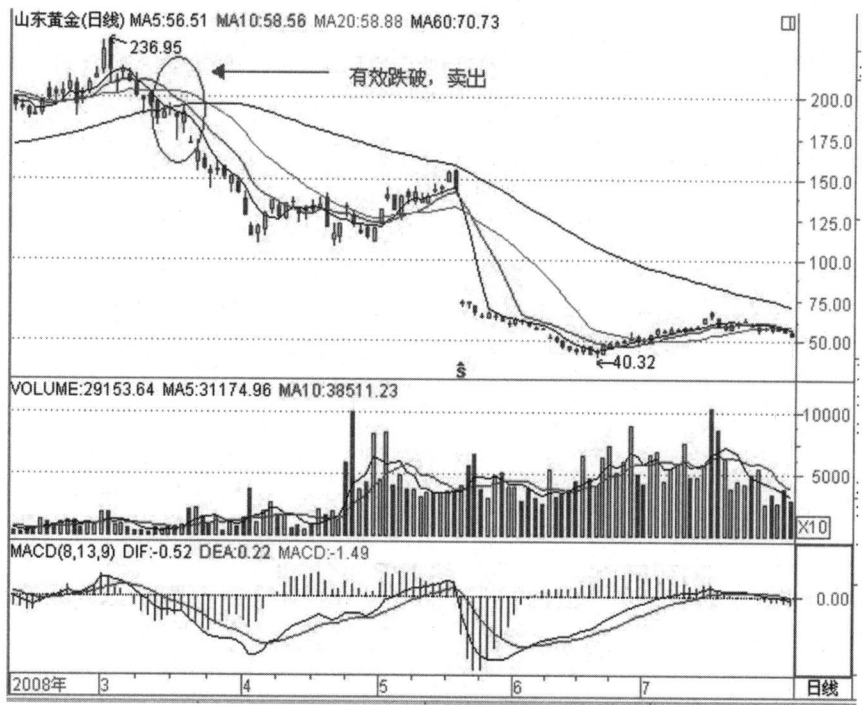

图47　有效跌破，卖出

二十二、逼近前高需谨慎

股价从下跌到上升，运行逼近前期高点呈U型、V型，前期放出巨大成交量时所形成的价格，聚集了大量的套牢盘，是一个重要的阻力位，没有强大的买入力量，一般股价不会轻易越过，这时买入要谨慎。

股价逼近前期高点，如果能突破，一般有四种情况：一是先放量突破过头，然后回落确认、再次拉升；二是股价运行距前期高点还有一段距离的时候就回落调整，然后突破过头；三是在前期高点附近做杯形整理，然后突破过头；四是在颈线位盘整，不断向上试盘，然后突破过头。

什么样的股票容易突破前期高点呢？

· 前期高点形成时成交量小，时间短，主力没有出货或套牢盘少；

· 下跌过程中成交量萎缩；

· 股价从底部反弹时量能充足，走势强劲；

· 股价反弹到前期高点时，距前期高点时间长，消化了套牢盘；

· 在前期高点附近走势轻松，抛压不大，不需要很多的成交量。

若与之相反，则股价逼近前期高点时如果不能有效突破前期高点，一般都要回落形成M头部，必须坚决离开。

短线高手操作策略：只选择有效突破形态的个股买入。

图48、图49两图就是000540在2009年2月和002166在2008年1月的走势实例。

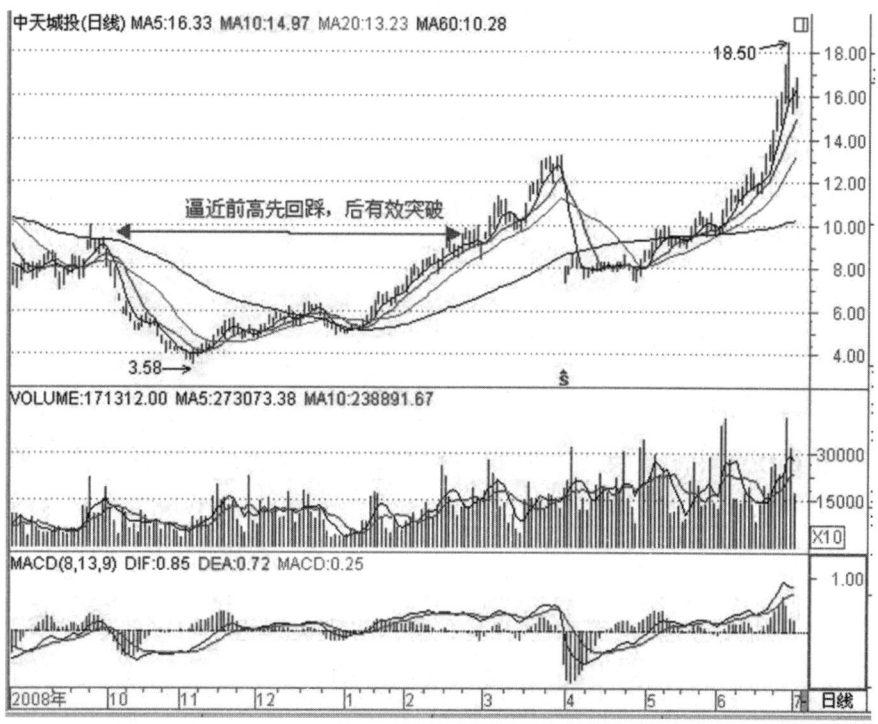

图48　先回踩，后突破

图49　不突破，不上则下

二十三、短线黑马长啥样

在大盘反弹或是处在多头市场时，买入能涨的股票不是难事，个股多多少少会涨一些。作为短线高手，作股票不是买入能涨的那么简单。我们所要的是买到短期内上涨最快、涨幅最大、风险又最小的飙升股。什么样的股票具有短线黑马股的特征呢？

短线黑马股的特征：

· 上升角度陡峭股价上升时斜率越大的股票越容易成为短线黑马股，构筑圆底的个股一般不会成为短线黑马股，三角形整理一般也不会诞生短线黑马股。

· 上升幅度大股价上升时幅度越大越容易成为短线黑马股。成交量活跃持续温和放大的成交量说明多头正源源不断地入驻。阳线多，阴线少，说明多头力量强大，股价上涨的天数多于股价下跌的天数。

· 股价调整时时间短，幅度小，角度缓，成交量萎缩说明空头力量衰竭，筹码稳定性高，多头迫不及待。

· 图形简洁明快、干净利落，K线上下影线较少，涨跌错落有致，不拖泥带水，虽每天涨幅不大，但具连续性。

· 成交量活跃。持续温和放大的成交量说明多头正源源不断地入驻。

· 轻松创新高。股价创新高突破前期高点或盘区时，并不需要很大的成交量。

· 市场热点从基本面上看，必定是当时的市场热点龙头股。

短线高手操作策略：在上升途中加仓。

图50就是600037在2007年7月后的走势实例。

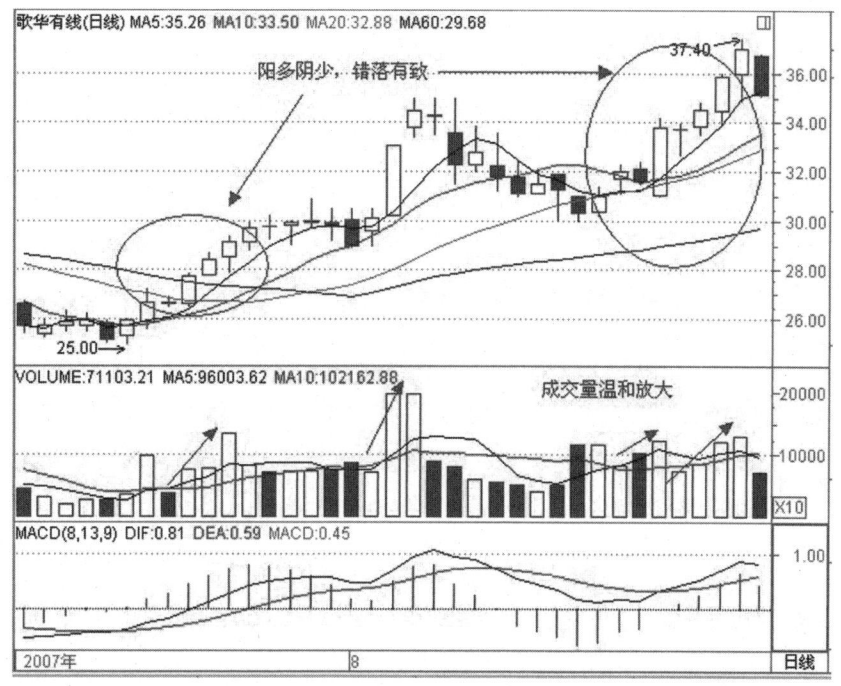

图50　短线黑马

二十四、寻找先知先觉的领头羊

　　一般来说，熊市的最后阶段和多头行情的开始阶段，往往是先知先觉的大主力建仓的阶段，建仓的目标一般是基本面良好的中高价股，要不就是前景诱人的"故事"股票，这些股票由于主力偷偷建仓会先于大盘企稳、上涨，甚至逆大盘而动，等大行情来临的时候，它们往往一马当先，连续拉升，不给踏空资金以低位买进的机会，它们就是领涨板块、龙头板块。因此一般情况下，牛市行情中的龙头板块股应是上一下跌周期中极其抗跌的板块，特别是那些在下跌中能盘住年线的"年线股"！

　　原理是：牛市行情的个股绝大多数股价都将创新高，因此，机构吸筹越充分、股价离前期高点越近的股票越容易向上突破，从而向上打开上涨空间。而对于那些机构吸筹不充分（机构手中筹码较少）、股价离前期高点（前期套牢区）相对较远的个股，若机构连续快拉并通过前期套牢区，那不是给别人做嫁衣吗？所以这时候的领涨力量不会在低价垃圾股中产生。因此，抓领涨股要选在熊市末期行情极度低迷时就有主力建仓的个股，或选短期内已创新高的股票。

短线高手操作策略：在上升途中加仓。

图51就是600016在2006年9月的走势实例。

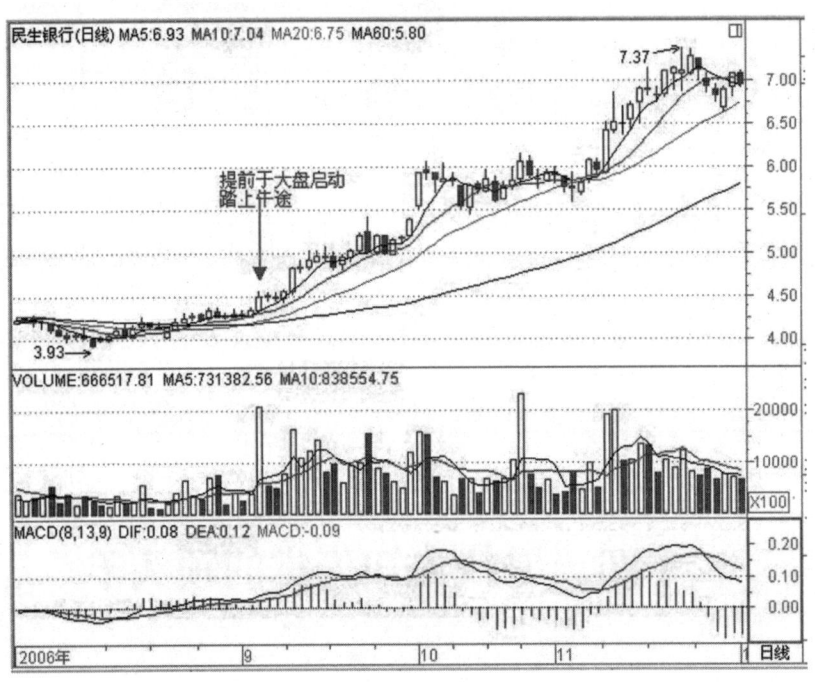

图51　上升途中加仓

二十五、短线卖出有信号

行情处于上升中，遇到以下情形应短线卖出手中的股票。

· 在上升通道之中，股价连续两天离开3日均线，乖离率超过8％或10％的时候，第三天放量高开低走收出大阴线、冲高回落留下长长的上影线，或放出巨量收大阳、放量收涨停板，短线卖出。

· 在上升通道之中，股价跌破3日均线，即使没有放量，如果涨幅短时间内累计过大，那么短线也要卖出。

· 股价一改往日的运动频率而突然加速急涨，短线卖出。

· 在上升通道之中，成交量先放大做头，股价缩量突破创新高，可能是假突破，短线卖出。

· 股价呈脉冲式上涨、脉冲式放量，短线卖出；尤其在空头市场中，这种走势最普遍。

· 股价上升中，K线实体越来越小的时候，短线卖出。

· 股价上升中，但运行速度明显放缓，上升角度也放平，当股价减速滞涨的时候，短线卖出。

· 股价上升中短期头部都是由连续的阳线加一个十字星或小阴线、高开的阴线、带上下影线的小星线（可阳可阴）等组成，如遇上述K线组合，可再结合成交量萎缩或放大的情况，短线卖出。

· 连续涨停后，不能封涨停且放大量，短线卖出。

· 股价连续以温和阳线或夹杂小阴线上升，没有涨停过，当出现一个涨停板后，第二天不能封涨停且放量，短线卖出。

· 市场热点股连续井喷飙升，第一个涨停打开放量收出阴线，一般不是头部，短线调整后还有拉高的动作，如果再次放量，基本可以确认头部。

短线高手操作策略：出现以上明显的信号时果断卖出。

图52就是000639在2008年8月后的走势实例。

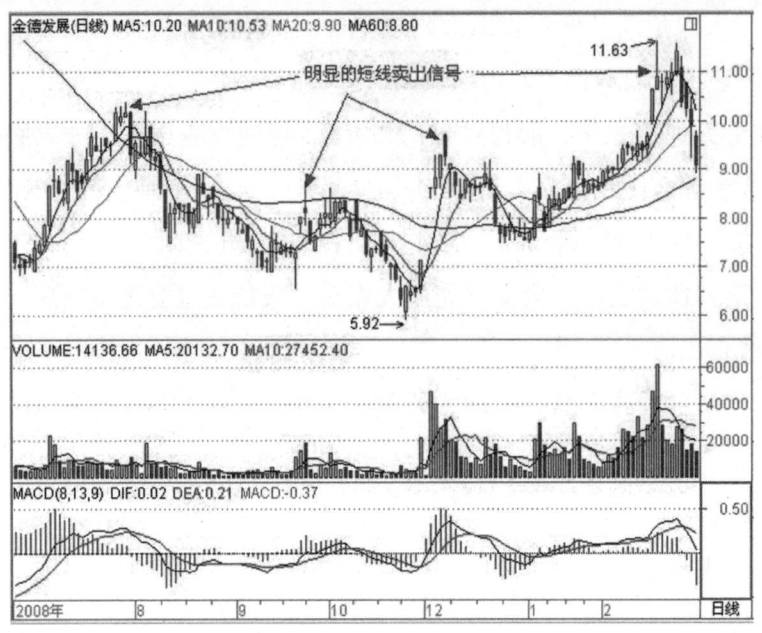

图52　短线卖出信号

二十六、识别尖锐型头部

　　明星股、热门股容易在人声鼎沸中见顶，主力借势大肆派发，形成单日反转。

　　单日反转主要有三种形式：一是反转当日放出天量，收出大阴线、射击之星或长上影线，所谓的"长黑大量必杀"；二是反转前几个交易日放出天量，反转当天成交量却没有前期大，所谓量先做头，价再做头；三是放量的位置离头部较远，头部呈缩量快速大幅下跌之状。单日反转时下跌速度快，跌幅大，先快速下跌，后转慢慢阴跌，因此这种头部杀伤力大，投资者要及时果断出货。

　　轰轰烈烈的"5.19"行情，在一片歌舞升平中形成单日反转。从图形上看，行情高点在1999年6月30日，其实主力大规模派发是在6月25日，当天放出巨量，其后两天缩量创新高只是行情惯性而已。

　　短线高手操作策略：出现以上明显的信号时果断卖出。

　　图53、图54两图就是601398在2007年1月4日的走势实例。

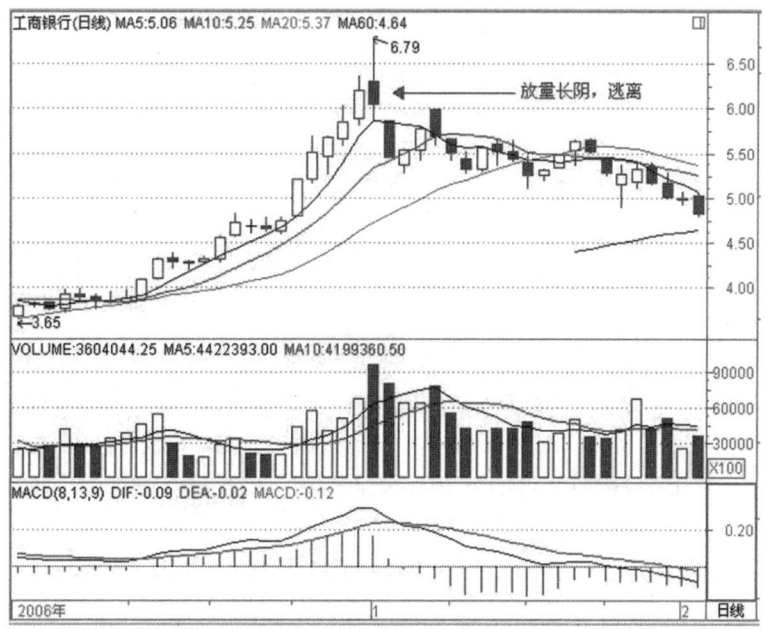

图53　尖锐型头部示例1

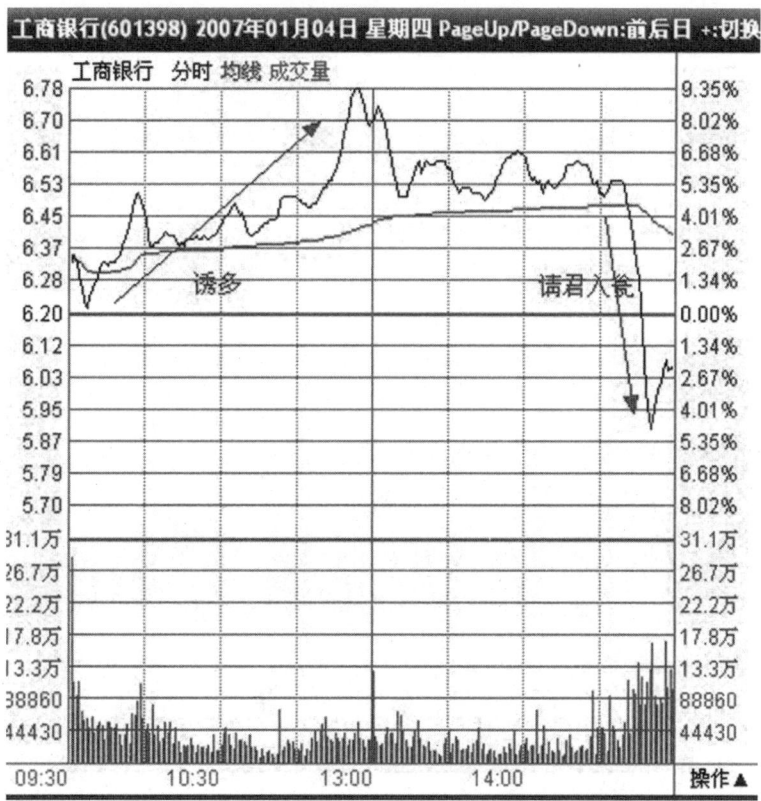

图54　尖锐型头部示例2

二十七、识别价量背离型头部

　　根据量为价先的原理，很多飙升股做头会选择先放量出货后缩量突破创出新高的方式。这种做头的方式，迷惑性较强，很多投资者看到股价不断创新高，容易追涨买入。岂不知，日益萎缩的成交量已经告诉我们，投资者追高的热情已经大减，该进场的差不多都进场了，多头势力已经衰竭了。换句话说，筹码的有效需求没有了，剩下的只有供给，只要有人抛一下，平衡被打破，大家争先恐后出逃，股价就一落千丈了。

　　2004年2月2日上证指数放出天量，以后的时间里成交量再也没有超过这个量，后来指数缩量创新高，最终以创出新高的假突破完成头部形态。

　　短线高手操作策略：高位出现价量背离型时保持警惕。

　　图55、图56两图就是000001在2004年年初和600284在2007年9月的走势实例。

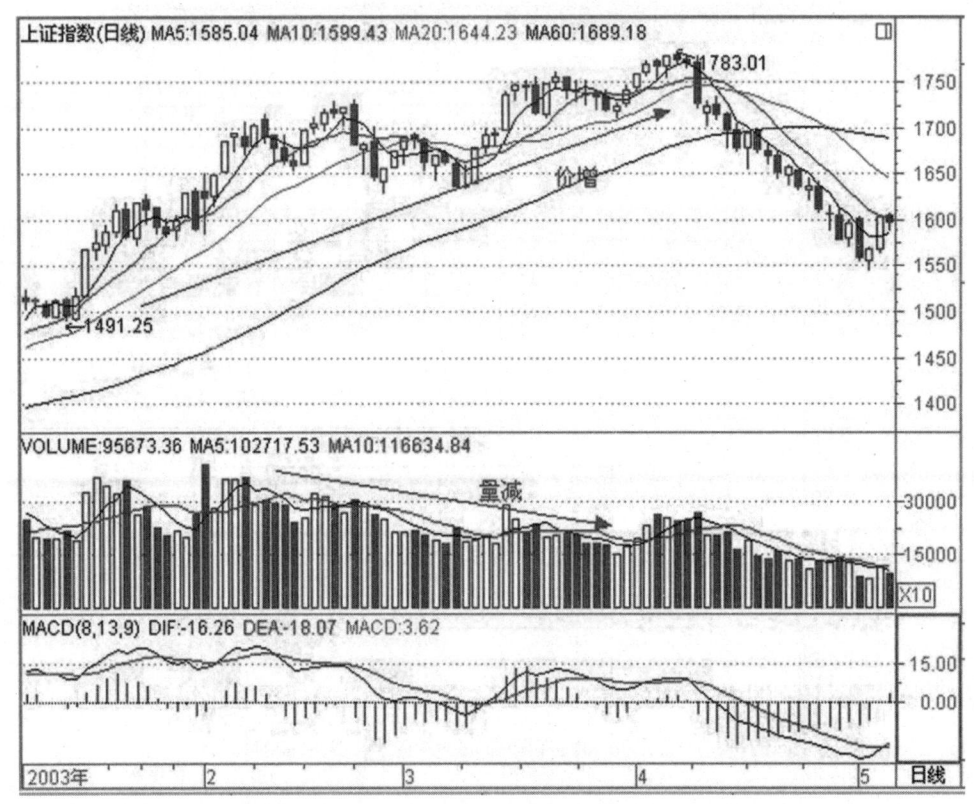

图55　背离型头部示例1

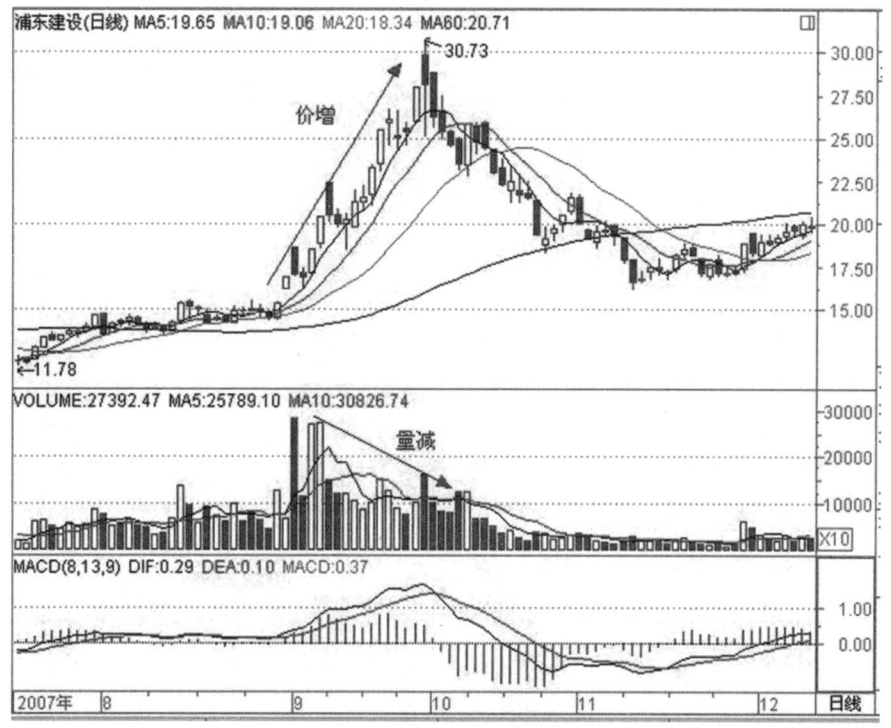

图56　背离型头部示例2

二十八、识别复合型头部

股价反反复复，在高位涨涨跌跌宽幅震荡，高低点不断出现，给人以股价在做整理的感觉，但整个过程中成交量始终无法萎缩。每次冲高都很迅速，但追高力量却逐渐削弱，上方抛压越来越重，多空双方的力量在悄悄地发生转化，股价开始缓缓下跌。直到忽然有一天，会有一根标志性的K线，跌破前期整理区域，确认头部。头部确认后，会有更多的力量加入到空方的阵营，股价会出现加速下跌。常见的形态有三重顶、四重顶、多重顶或头肩顶。

短线高手操作策略：高位出现复合型时保持警惕。

图57就是600387在2007年年末和2008年年初的走势实例。

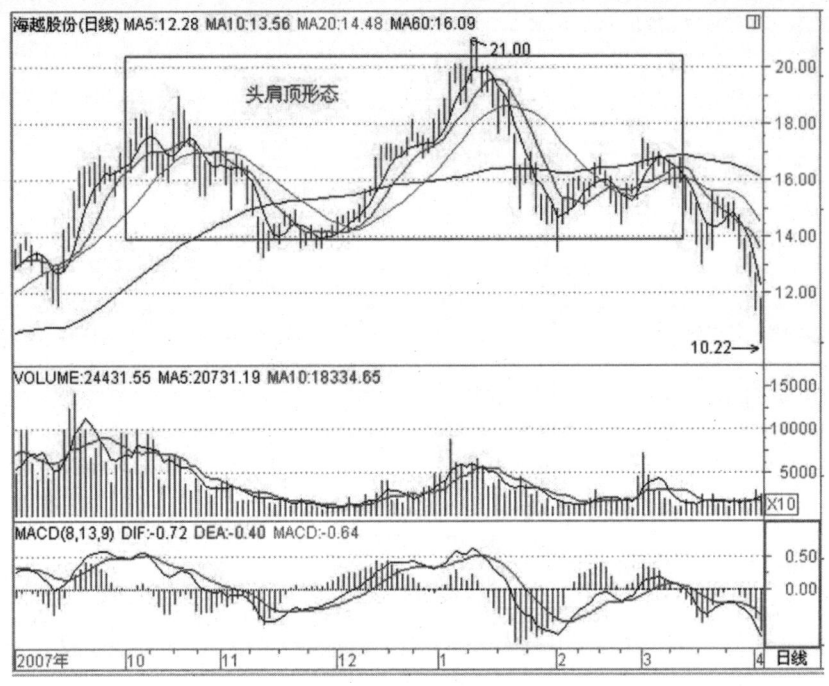

图57　头肩顶形态

二十九、识别假突破型头部

　　假突破型这种做头方式最具诱惑性和迷惑性，股价经过一段整理后突然放量长阳突破，但追进去之后股价就下跌不止。

　　这种诱多走势大多数是由市场主力刻意营造出来的，目的无非就是借突破形态诱导技术派人士追涨买进，从而完成出货；也有部分诱多形态是市场自然形成的，原因是多空力量突然发生了变化，空方主导了市场。

　　如何识别这种诱多形态是股票技术分析中最难的问题。但无论如何，多头陷阱形成的前前后后总会有一些征兆。要分析突破前的整个整理形态，整理形态的意义在于清理短线获利盘，提高市场平均持股成本，等待中短期均线的靠近，所以，真正的整理形态必须伴随着成交量的不断萎缩。每一次下跌只能带来越来越少的抛盘，下方的支撑是自然的、轻松的，而股价小幅反弹并不需要很大的成交量推动。此时市场的氛围是观望的，很多人由于感到无利可图而暂时退出了市场。在这样的市场背景下，股价逐步上行，伴随着成交量的稳和放大，最终突破阻力位，成交量迅速增加，股价毫不拖泥带水地突围而出。这才是一个真正的突破。

诱多突破必然在整理的某个环节出了问题：一是成交量在整个整理过程中并没有萎缩；二是每次在低位都必须花较大的力量来支撑股价才能避免破位；三是反弹中盘子显得沉重，需要较大的成交量股价才会上涨一点点；四是成交量的放大不规则，时大时小，或放大量很突然，所有这些都是不妙的信号。

另外，除了分析整理形态，观察突破时的情形也是重要的功课。一是突破时成交量必须流畅地放大，而不是时大时小；二是股价上行必须干净利落，一旦突破之后即要勇往直前，表明有很多观望者在股价创新高后觉得形势明朗了，正放心追人，如果突破之后股价停滞不前，说明上方有一股隐隐的巨大抛压，十有八九是主力在出货。

短线高手操作策略：确认了突破的有效性后再介入，否则远离。

图58就是600673在2005年4月初的走势实例。

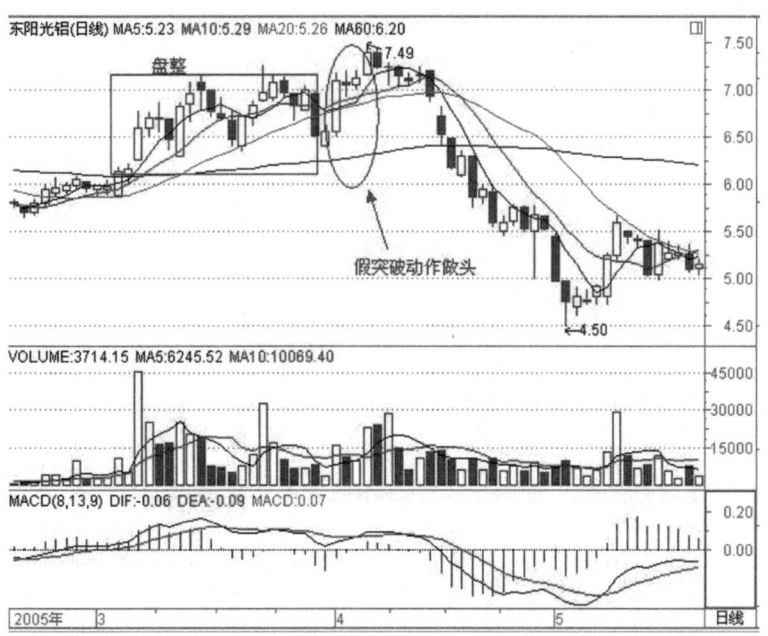

图58　假突破型头部示例

三十、高开长阴也是头部吗

　　一般散户买进股票后，很少有人会在不赚钱的情况下快速割肉出局，大多是经历了一段时间的煎熬之后，才会下定决心。庄家在试盘的过程中抓住散户的这种心态，会让股价大幅度高开后低走，并且在收盘的时候收出一根大阴线。庄家通过这样的试盘方式，就能够测试出那些处于犹豫和徘徊边缘的散户们的心态。通过试探上档压力盘的方式，虽然也能测试出上档筹码的稳定情况，但那样做会让一些散户们出现观望心态，不利于庄家把持股信心不坚定的跟风盘彻底清除出局。

　　如果股价在大幅度高开低走之后出现大量抛盘的话，说明盘中的浮动筹码比较多，投资者持股心态不是很稳定，庄家就会继续向下试盘寻找支撑点。如果股价大幅度高开低走之后，盘面上的卖盘很稀少，说明盘中投资者的持股心态很稳定，浮动筹码也比较稀少，庄家接下来就很有可能进入拉升阶段。因此，投资者在跟庄过程中遇到这种走势时，就应该特别留意盘面的动向，一旦股价开始走强，就要立刻进场操作。

　　短线高手操作策略：从盘面成交情况观察高开阴线是否属于头部。

　　图59、图60两图就是600428在2007年8月17日的走势实例。

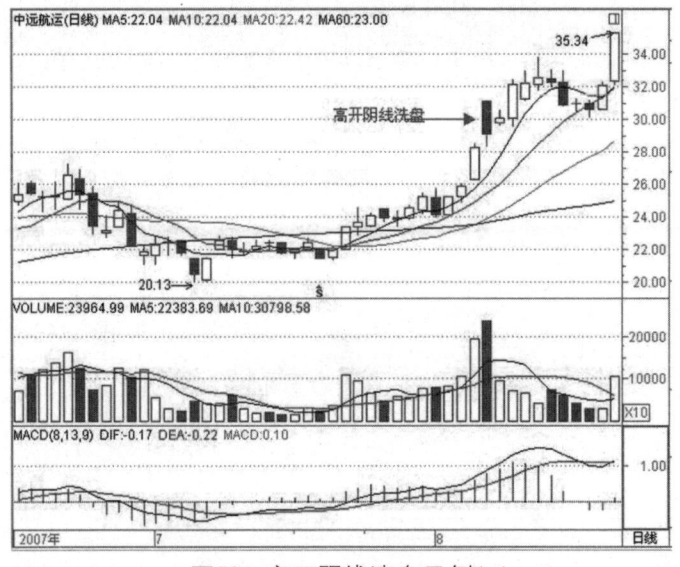

图59　高开阴线洗盘示例1

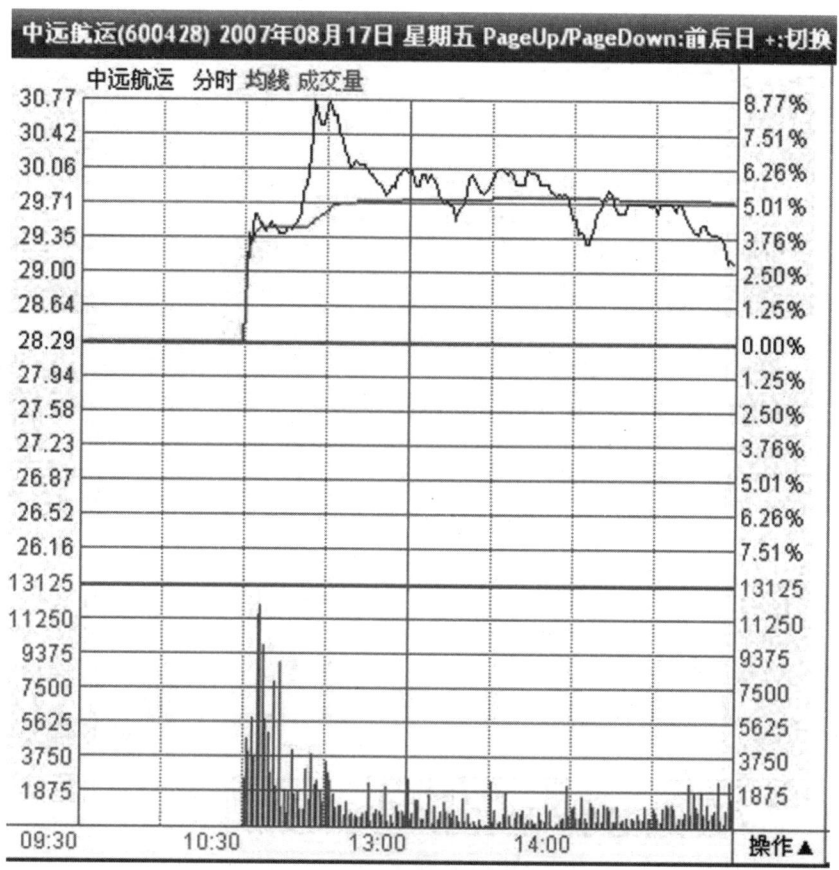

图60   高开阴线洗盘示例2

三十一、收盘瞬间拉高有玄机

在全日收盘前半小时（14：30）或1小时（14：00），突然出现一手或几手大买单加几角甚至几块钱，瞬间把股价拉至很高位的位置，或者直接拉到涨停的位置，这也是庄家试盘的一种手法。庄家这样做的原因是资金实力有限，为了节约资金成本，同时又能使股价收盘收在较高位，或突破具有强阻力的关键价位，只好采取在尾市"突然袭击"的手法，瞬间拉高股价。通过这种试盘方法，可以测试出第二天散户跟风情况和盘中筹码的锁定情况，如果第二天开盘后没有太多短线获利盘吐出，说明盘中的筹码基本已被庄家锁定了。

收盘前瞬间拉高这种试盘方法的好处，在于试盘所用的成本很低。假设某股的开盘价是17元，庄家想让其股价收在18元。如果庄家在上午就把股价拉升至18元的话，那么为了把价位维持在18元的高位至收盘，庄家就要在18元的价位接下大量的卖盘，这样需要的资金必然会很大。在尾市采用偷袭的手法拉高试盘。由于大多数人未反应过来，等反应过来时，股市已经收市了，想卖出筹码的人也无法卖出。利用马上收市的机会拉高股价，庄家只用很少的资金，即可达到试盘的目的。

短线高手操作策略：看透试盘，从容买入。

图61、图62两图就是600438在2008年11月7日的走势实例。

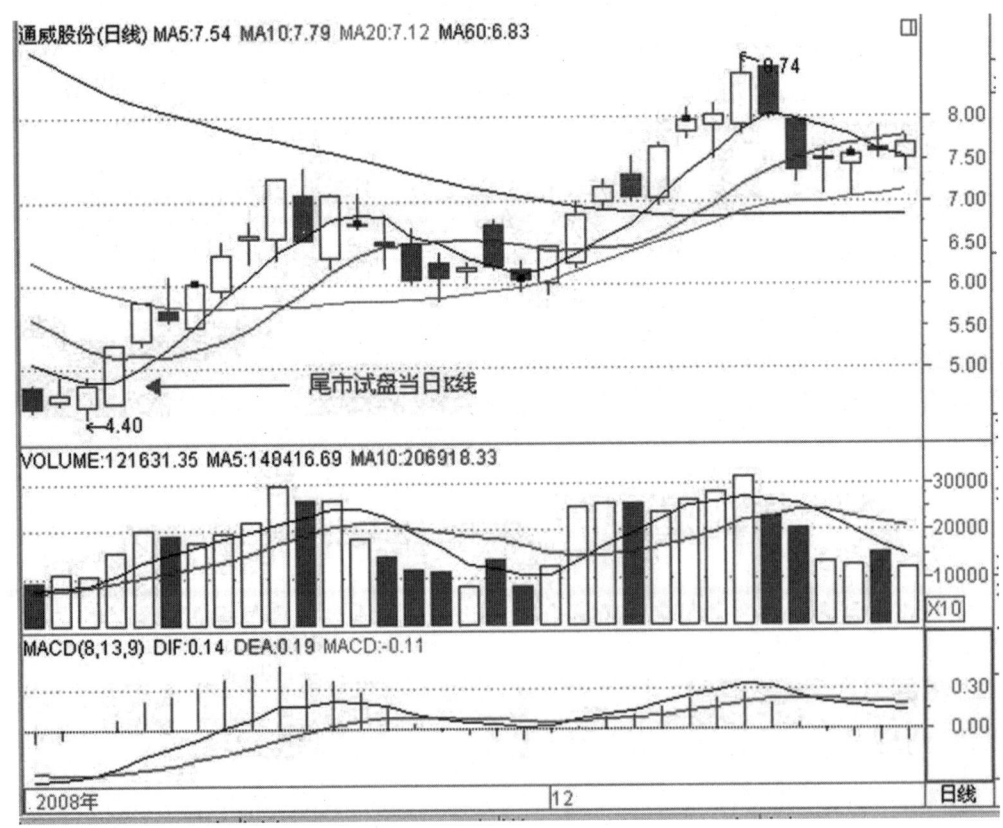

图61　尾市试盘示例1

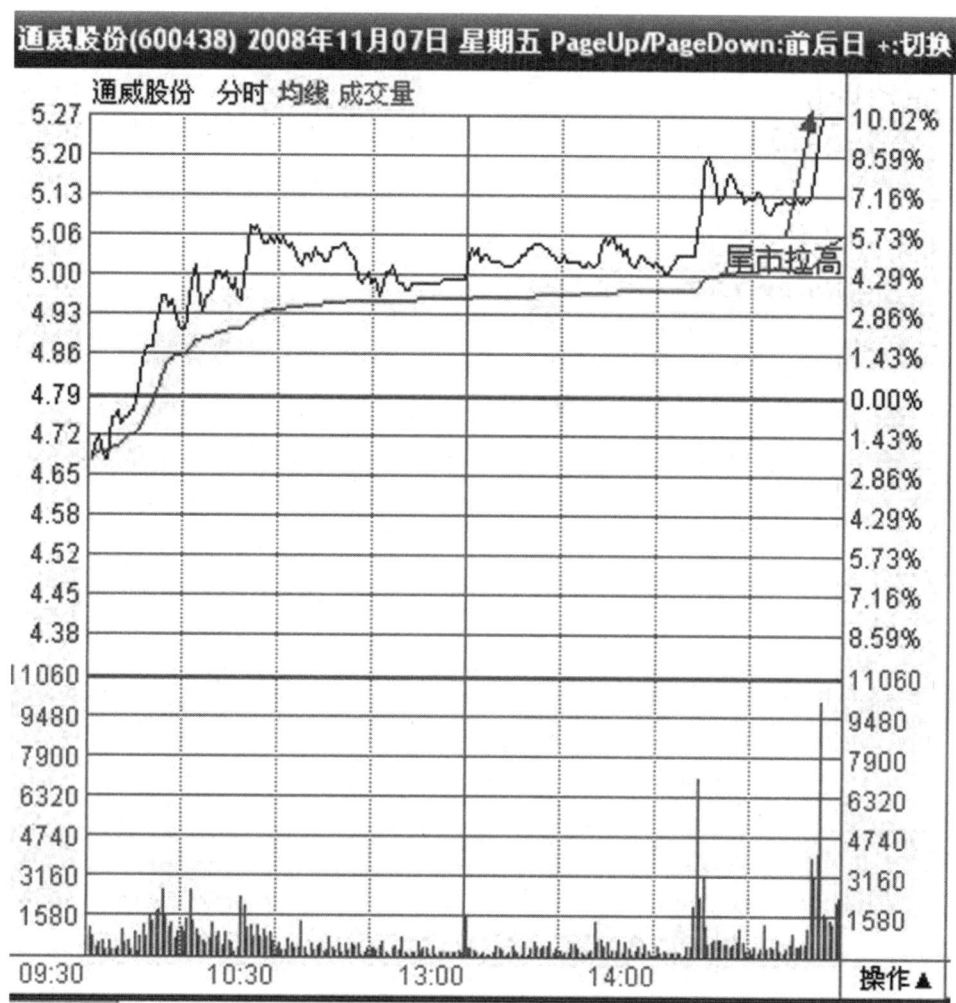

图62　尾市试盘示例2

三十二、收盘瞬间下砸有玄机

庄家试盘时，在全日收盘前半小时或几分钟，会突然挂出一手或几手大卖单减低很大的价位抛出，把股价砸至很低的位置。庄家采取这种瞬间下砸股价的目的，是使当日的日K线形成光脚大阴线、十字星，或者是阴线等较难看的图形，使持股者产生恐惧感，从而达到第二天测试盘中恐慌筹码的目的。

如果第二天开盘后，盘中出现比较多的恐慌性抛盘的话，就说明盘中持股者的信心不够坚定。在这种情况下，庄家不会马上就进入拉升阶段，而是先采取震荡的方式，把那些持股信心不坚定的投资者清洗出去，这样有利于庄家后期的拉升。

如果第二天开盘后，盘中没有出现大批的恐慌性抛盘，就说明盘中持股者的信心比较坚定，在接下来的操作中，庄家很可能会立即进入拉升阶段。

短线高手操作策略：看透试盘，从容买入。

图63、图64两图就是600458在2009年2月18日的走势实例。

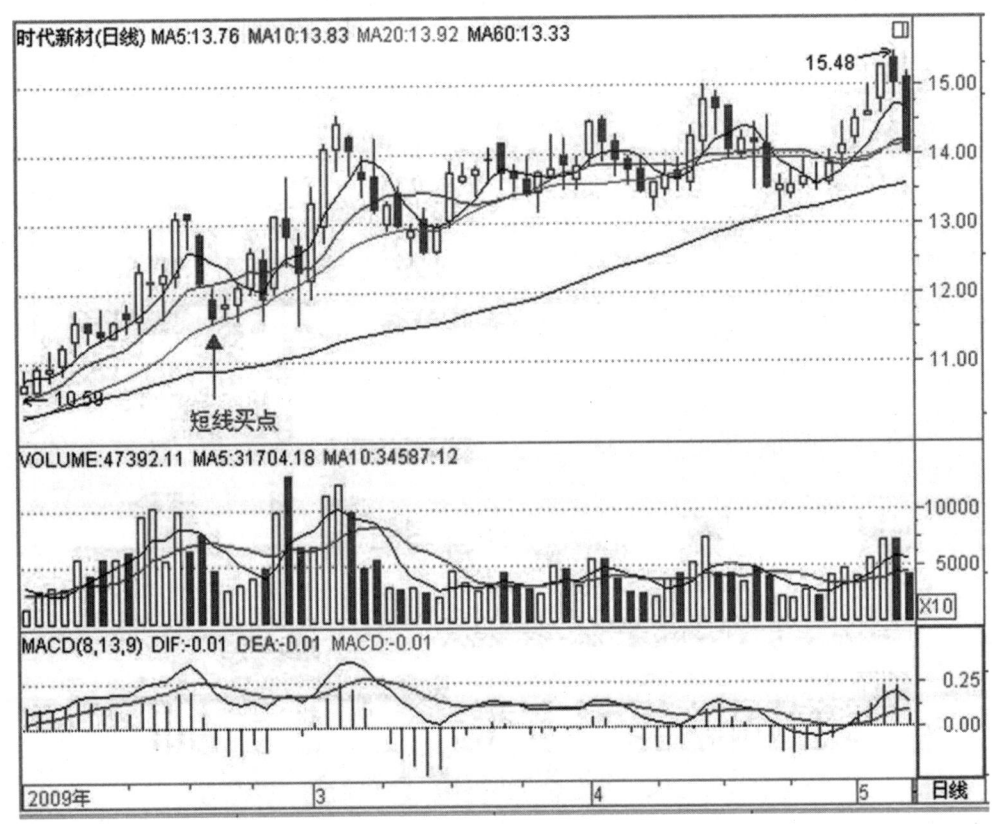

图63　短线买点

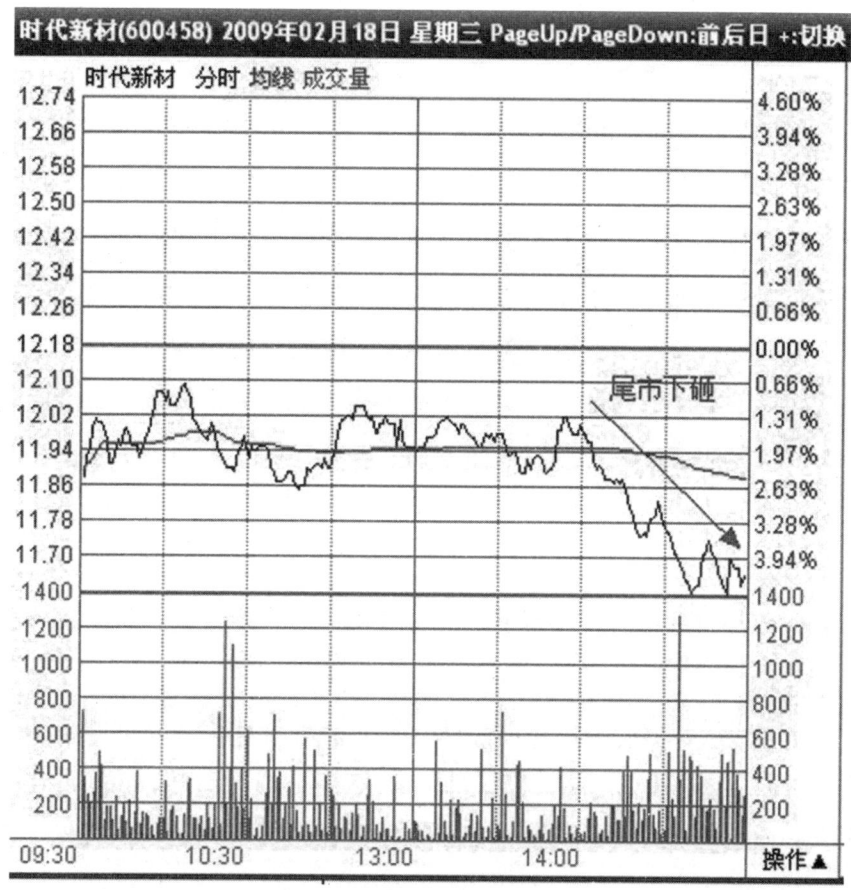

图64　尾市下砸

三十三、坐看庄股热身表演

庄家在操纵个股时，使用的做盘方式往往是虚虚实实，有时欲涨先跌，有时以退为进，走势扑朔迷离，时常给投资者制造烟雾弹，让投资者很难辨出其中的真伪。

庄家经常会使用假突破形态来迷惑投资者，即庄家在收集到了足够的筹码之后，先让股价大幅冲高，然后再让其回落。这样一来，那些看见股价上涨而盲目跟进的短线投资者就会立刻被套，但是只要散户一割肉，该股就会很快止跌回升，庄家迅速展开主升段。这个假突破可以称为庄家拉升股价前的热身运动，或者说是庄家拉升股价前的"实战演习"。

庄家对个股建仓完毕之后，有时会让股价在底部区域长期处于盘整状态，但经过盘整之后，会突然收出一根放量的长阳线，突破上面的重要技术压力位置。此时，如果单纯从技术角度来分析，应该是个很好的买入时机，于是偏好技术分析的人士就会纷纷买进。但是股价拉升突破之后却并没有继续上涨，而是很快就回落下来（一般股价在第二天就会出现回落的走势），继续回到整理的平台上，这就让那些"冲动"而耐不住"寂寞"的技术派人士买了个高价。出现这种走势形态，往往是庄家在大规模拉升股价之前的一次"热身运动"，庄家是在用这种方式来判断盘面上跟风盘的多少，以及市场上抛压盘的大小。

庄家在拉升股价之前采用这种"热身运动"来"演习"，主要意图有以下几种。

1.吓跑那些持股信心不坚定的短线投资者。如果庄家建仓的个股被一致看好的话，就会引发大量的短线投机者涌入，这样不利于庄家的长线运作计划，所以庄家必须把这些浮动筹码清洗出去，因此庄家就采用这种方式先"诱敌深入"，接着再给他们一个迎头痛击，使其损兵折将之后，不敢再轻举妄动。

2.拉升前的试盘，以此来测试盘中的抛盘情况和跟风盘的大小，再决定股价的拉升高度以及拉升股价的时机。

投资者遇到这种走势的庄股时，最好等待股价回档时再进场操作。如果不幸在股价假突破时买了个高价，此时亦不必恐慌，既然这是庄家拉升前的"热身动作"，那么就显示出庄家已做好了拉升股价的准备。股价刚刚上冲就出现回落，显然此时庄家还没有获利的空间，不久庄家就会卷土重来，真正大幅度地拉升股价。

短线高手操作策略：等待股价回档时再买入。

图65就是601111在2009年6月中旬的走势实例。

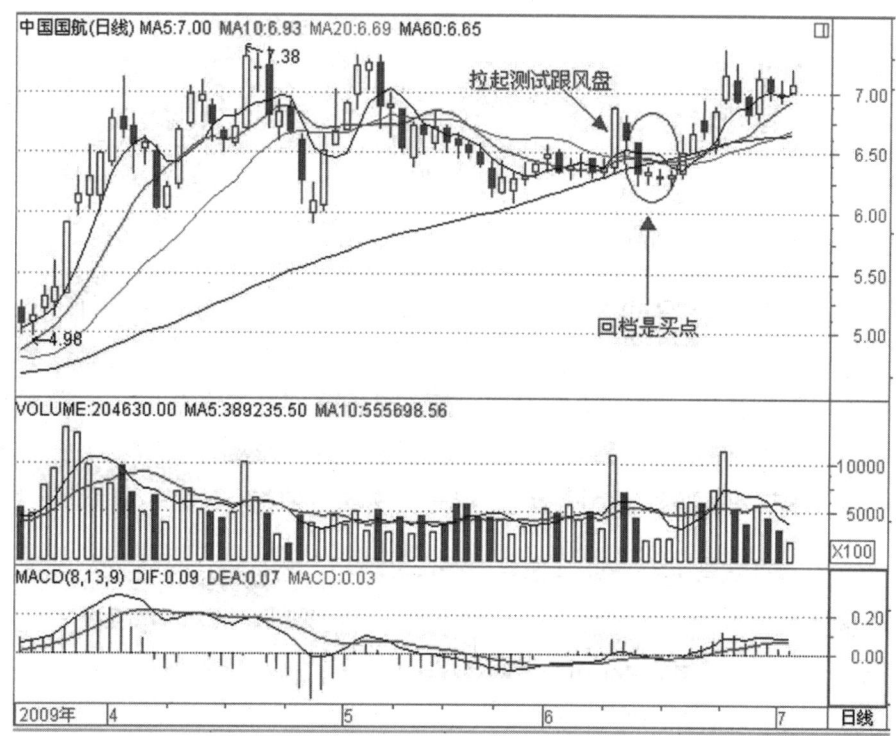

图65　庄家假突破形态

三十四、铁底筑成多关注

　　投资者买股票，都希望自己能买到股价处于底部的个股，但是每次都买到底部的个股几乎是不可能的。大家知道底部的形态变化万千，有时底部形态是双底，有时底部形态是三重底，有时底部形态是复合头肩底，等等。形式多样的底部形态，往往让投资者无法确定什么时候才是真正的底部，而且个股的底部在构筑过程中是无法用一个很有效的技术来确认的。在实际的操作中，只有等到股价涨起来一波行情之后，才知道哪里是股价的真正底部。

　　虽然投资者很难准确地预测或判断股价的底部区域，但是在选择股票的时候，如果能够挑选一些跌无可跌的个股，也就是说"铁底筑成"的个股，在庄家拉升之前提前买进，并且坚持持股待涨，不赚钱就不出局，那么从投资策略的角度上来讲，这就是一种非常稳健和可靠的投资方法。跌无可跌的个股虽然不会马上就上涨，但股价再继续下跌的空间已被封闭，所以股价走出一波上涨行情是迟早的问题。

"跌无可跌"的个股，至少要满足以下两个条件。

（1）该股已经经历了一轮完整的下跌行情，股价已跌至历史低位区域。

（2）股价在低位区域经历了一段长期的反复横盘整理，也就是说这样的个股经过长时间的磨炼，随着增量资金的进入，底部就会逐渐形成。这类个股也容易受到庄家的青睐，或者是庄家早就潜伏在里面，因此这类个股投资者也要密切关注，随时观察其后期的走势动态。

投资者一旦发现满足以上条件的个股，就应该发挥自己的耐心，做到先入为主。在这一点上，投资者要有"坐穿牢底"的精神——"坐穿铁底"。可以试想一下，如果选择了一支只有上涨空间而没有下跌空间的个股时，那么投资者的成本无非就是时间了。

面对已筑成"铁底"的这类股票，投资者经常会出现以下两个误区：

（1）股价既然还没有启动，那么就等到它启动之后再买入也不迟啊。但庄家往往不会给你一买进就赚钱的机会的，就像ST类个股一样，都是要么就不怎么涨，要涨就大涨，有的甚至是开盘即封涨停，并且是连续出现涨停。

（2）大部分投资者都认为基本面差的股票不值得买，ST股就更应避而远之。其实，炒股最紧要的是赚钱，不管貌如天仙的高科技股，还是丑如猪八戒式的ST股，能赚钱的股票就是好股。看似极具投资价值的高成长股，若股价高高在上，买进这样的个股去操作的话，持股者其实就好像抱着一颗地雷，随时都有爆炸的危险。基本面一无是处的垃圾股（前提是短期内无停牌的风险），如果股价运行在"铁底"处，往往是投资的安全区。类似这样的个股在市场上有很多，关键是投资者能不能发现。

投资者对一些跌无可跌的ST个股应该高度重视。这些个股很容易受到短线庄家的青睐，一旦有庄家入驻后，股价在短期内就会出现暴涨的行情。

短线高手操作策略：轻仓埋伏介入。

图66就是600348在2006年8~10月的走势实例。

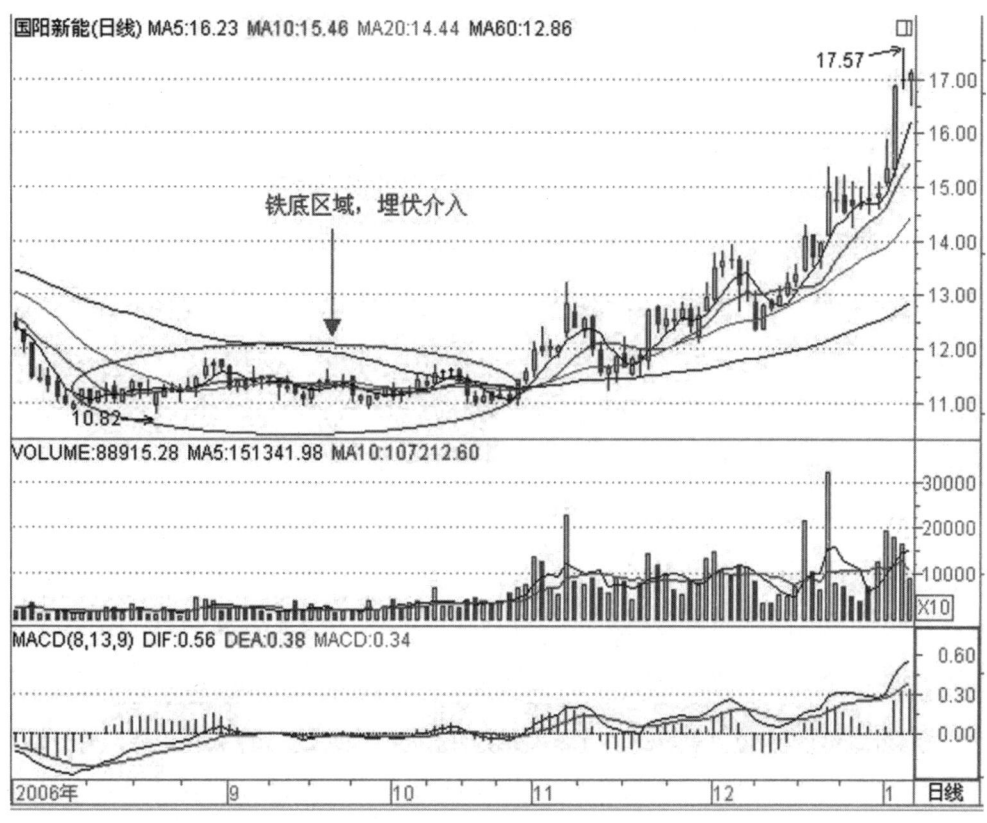

国阳新能(日线) MA5:16.23 MA10:15.46 MA20:14.44 MA60:12.86

17.57

铁底区域，埋伏介入

10.82

VOLUME:88915.28 MA5:151341.98 MA10:107212.60

MACD(8,13,9) DIF:0.56 DEA:0.38 MACD:0.34

2006年   9   10   11   12   1   日线

图66   铁底示例

三十五、注意庄家的突然袭击

很多投资者在跟庄的过程中，往往不知道在什么时间买入较为安全。对于早盘买进还临近收盘时买进，在不同的行情中区别比较大。

在大牛市的行情中，庄家喜欢在开盘后不久就拉涨停。在这样的行情中，如果挂单挂迟了，将会失去股价拉升时带来的利润，甚至失去买入的机会。但在大盘处于平稳时期或者相对弱势的时候，庄家则喜欢在尾市搞"突然袭击"，在收盘前大幅度拉高股价。所以，在大势较为平稳或是相对弱势的时候，投资者在操作的时候应把买入的时间尽量放在股价临近收盘的时候，这样既可以控制风险，又能较好地把握庄股的机会。

一般来说，在大盘比较平稳的时候，或者在大盘处于调整的时期，盘面上的热点相对缺乏，并且板块轮动也比较快。在这样的情况下，庄家一般都不会在早盘就把股价拉高，因为这样做很容易引发大量的抛盘，如果庄家的资金实力不是很强的话，就很难将升势维持到收市。当然，有时庄家想减仓的话，就会先将股价大幅度拉高，以此来吸引大量的跟风盘涌入。等股价被拉高后，再将筹码如倒水般地抛给那些追高的投资者，这样就会造成股价留下长长的上影线，当天买入的投资者也会立即被套。

在大盘趋势不明朗的大势下，如果投资者在跟庄的过程中遇到早盘拉高的庄股，最好把买股的时间往后推。如果决定在当天开始布局并逐步买进的话，应该在股价冲高回落的过程中买进，特别是下午2：30之后，买入的风险会降低很多。因为经过多空激烈的争夺，此时大盘的总体趋势已经明朗，此时买入可减轻大盘的系统性风险；另外，此时投资者能够比较准确地把握市场的热点，避免股价刚开盘时个股鱼目混珠导致的错误买入。大家经常发现早市排在涨幅榜前列的个股，到收市时往往没了踪影，一些新面目却突然冒了出来，其中的原因就在于临近收市是多空决战的时刻，此时的买卖信号通常是最真实的。

有些庄家在接近尾市时喜欢搞突然袭击，并且动作极为麻利，分时图上股价犹如一条直线般往上蹿。投资者想跟进时，股价大多已封在涨停板上，所以投资者想在尾盘买入的时候，操作上会有一定的难度。

在遇到尾市袭击的庄股时，投资者要重点关注成交量的变化。如果分时图上的成交量线由原来的疏疏落落变成迅猛增加，同时价位不断上移，表明多方在大举出动，此时可以作为买点介入。

短线高手操作策略：密切关注分时图上的盘面变化。

图67、图68两图就是601088在2009年6月29日的走势实例。

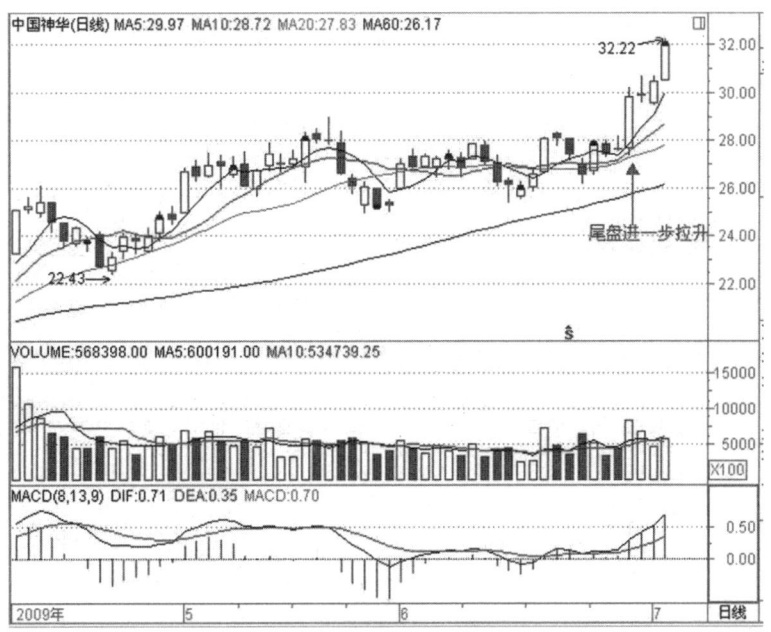

图67　分时图盘面变化示例1

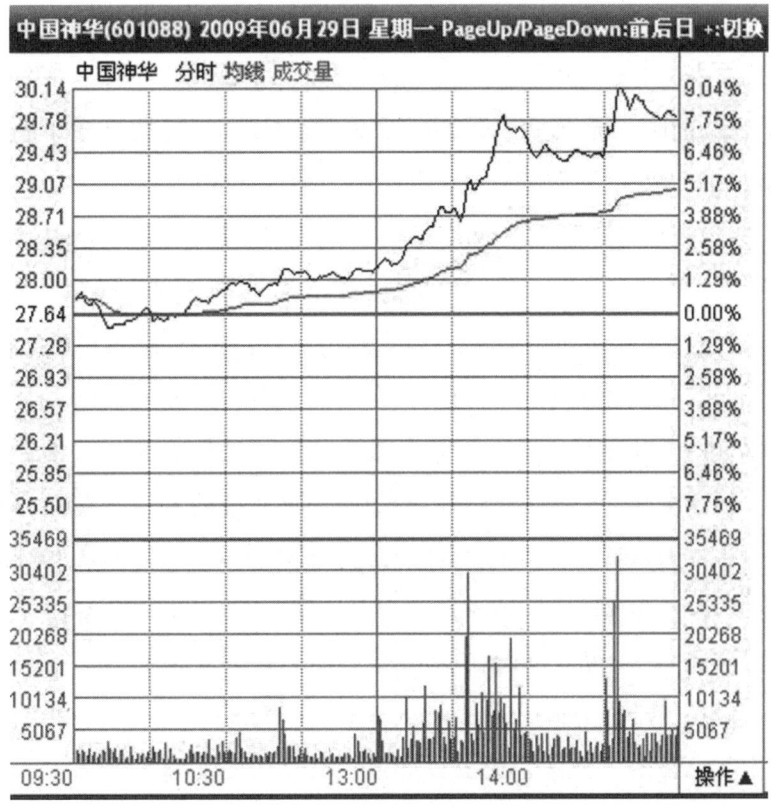

图68　分时图盘面变化示例2

三十六、散兵坑里有黄金

在市场上常常看到一些个股突然拔地而起,股价快速脱离底部,就像地下突然冒出多头大军一样,让人措手不及。那么这些"兵马"到底藏在哪里呢?在发动攻击之前,为什么大家找不到它的踪迹呢?

投资者在跟庄的过程中,如果能够仔细观察盘面的一举一动的话,就不难发现这些"伏兵"是藏在"散兵坑"里。在大势不好的时候,或者是庄家短期内无意发动行情时,这类股票的日K线走势图就会呈现出缩量整理的形态。成交量也很稀少,一般会低于5日、10日的成交均量线。从日K线走势图上可以看到,这时的成交量就好像一个个的"坑",这些坑通常就是庄家的藏身之地,庄家就这样悄无声息地潜伏在战场上等待时机。

从技术形态的角度来看,"散兵坑"有以下特征。

(1)股价的运行是处于调整阶段或者股价经过一波小幅度的上涨之后的横盘阶段,从各个技术上分析,短期内股价没有上攻的迹象。

(2)在此期间,成交量呈现出持续萎缩的现象,5日均量线向下穿越10日均量线形成死叉,并且成交量一般是低于中短期均量线。

(3)股价在整理末期时,成交量会温和放大,并且5日均量线逐渐向上穿越10日均量线。从整个走势上看,成交量呈现出两边高、中间低的形态,这些日子的成交量柱状图上面横着均量线,这些就是我们所说的标准的"散兵坑"。

经过上面的分析,大家可以知道,在"散兵坑"形成的初期,股价通常还是处于调整阶段,从盘面上看,短期并没有止跌的迹象。此时,投资者暂不宜参与操作,应该密切关注其后期走势的动态。当股价随着成交温和放大而缓慢走出谷底,并且5日均量线上穿10日均量线时,就是进场操作的好时机。从量价的角度来分析,出现量比价先行的走势时,随着成交量的不断增大,股价迟早是会跟着上涨的。当成交量爬出散兵坑之际,往往是多头出击之时,投资者在跟庄的过程中,一定要抓住这个机会。

在跟庄的过程中,投资者了解和掌握"散兵坑"的意义在于:"散兵坑"区域成交出现极度萎缩,说明市场惜售,庄家此时无意发动行情。当成交量温和放大，缓慢走出散兵坑时，投资者就应该重点关注其股价的动态，一旦启动行情，就应该果断跟进。当庄家在"散兵坑"内休息时，投资者也不妨暂时休整一下。如果投资者发现偶然有一两天成交量破坑而出，并且是短期成交量忽然增大，就需要关注均量线的排列状况。如果均量线仍呈空头排列，说明股价短期整理还没有结束，此时还不到买入的最佳时机。

短线高手操作策略：均量线仍呈多头排列时进坑与庄共舞。

图69就是600830在2009年上半年的走势实例。

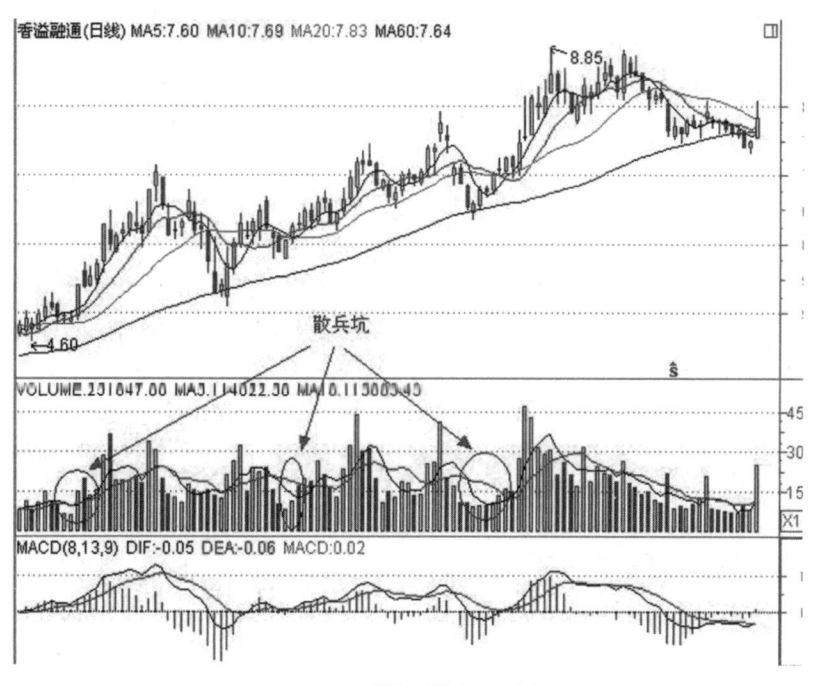

图69　　"散兵坑"示例

三十七、人弃我取抓紧筹码

投资者经常会看到，同样是涨停的股票，有的个股只需要用5%的换手率，就能把股价拉至涨停，而有些个股却需用10%的换手率甚至是更高的换手率，才能把股价拉到涨停。相反，同样是股价大幅度下跌，有些个股在下跌的过程中呈现出无量盘跌的走势，有些个股却在下跌的过程中呈现出放量下跌的走势形态。

从这些情况来看，同样的涨跌，由于成交量不同，其技术含义也是有很大区别的。投资者在跟庄的过程中，不应该单纯从股价上涨或是下跌了多少来分析庄家的动态，而应该结合股价运行中的形态，来分析成交量的大小对股价后期走势的影响。投资者在跟庄的过程中，应该对缩量调整的个股加以关注。

有些投资者一看见股价下跌就惊慌失措，但有经验的投资者知道，如果个股在下跌的过程中呈现无量下跌走势的话，那就说明市场中成交量对股价的运动并不认可。一旦出现量和价两者配合不默契的情况，那么股价的下跌趋势早晚是会被改变的。

如果个股在股价下跌的过程中，成交量呈现出低量的现象，并且此时股价已经经历了大幅度的下跌，那么投资者在股价下跌过程中如果能认真地关注一下成交量的情况，那么就没必要在股价运行到接近底部时把筹码抛售出去了。投资者可以反过来想一想，如果此时盘中的浮动筹码很多的话，那么在股价继续下跌的过程中，就会出现放量下跌的现象。因此在股价下跌的时候，出逃的往往是一些散户，市场惜售心态浓厚，而庄家的元气却丝毫未损。随着大势转暖，庄家很快就会纠集兵力反击。

投资者在跟庄过程中遇到股价在下跌过程中并未放量的个股时，就说明卖方有明显的惜售心理。在操作策略上，对这些缩量盘跌的个股，暂时可采取观望的态度。因为股价的调整趋势一旦形成，那么在短期内是很难得到改变的，并且看好该股的庄家也会趁这个机会逐步地吃进筹码，等待成交量开始重新放大时，股价就迎来了重新走强的机会。所以，等成交量出现明显放大并且股价开始回升时，投资者就可以买进参与操作。如果投资者持有的该股暂时被套住了的话，也不应该急于斩仓出局。极度萎缩的成交量说明，庄家此时和你一样被套，所以在这种行情低迷的日子里，投资者不妨和庄家一起同甘共苦。

短线高手操作策略：对确定庄家未出货而缩量的股票不要轻易卖出。

图70就是000968在2009年初的走势实例。

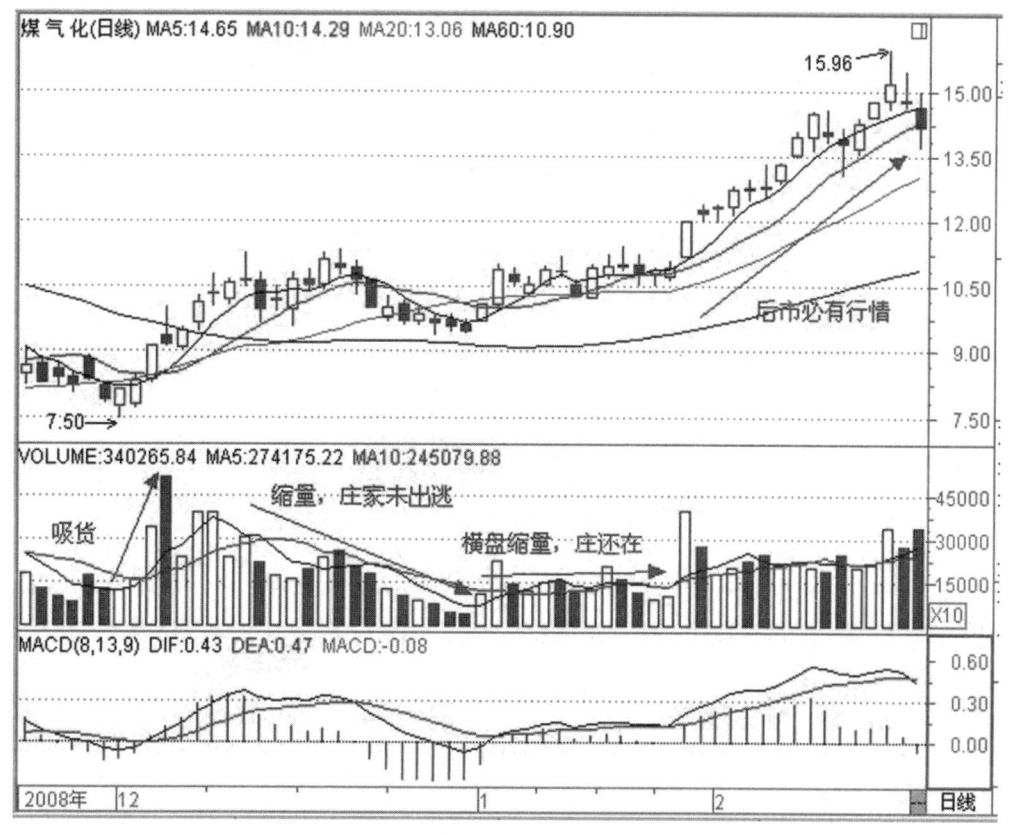

图70　跟庄

三十八、乘"逃命线"出局

　　在股市中，如果大盘或个股处于向下调整的阶段，某一天股价出现反弹，收出一根暂时止跌的阳线，给被套的投资者以出逃的机会，那么这根阳线就被称为"逃命线"。投资者在跟庄的过程中如果不幸"失足"的话，就应该紧紧握住这根逃命线，及时减仓或者是清仓出局，以尽量减少损失。

　　投资者在跟庄的过程中遇到这种在下跌途上拉出一根大阳线走势的个股时，一定不要轻易地认为有庄家在下跌的通道上对其建仓了。大盘或个股在相对高位出现暴跌之后，中途冒出来一两根反弹的大阳线，往往并不能说明股价已经跌至底部了。如果投资者在实际操作中就凭这一点进场操作的话，往往会被深套其中。

如果个股到这种走势形态的个股时，一定不要轻易认为是有庄家在里面建仓才拉出的大阳线，应该耐心观望拉出大阳线以后的走势情况。如果投资者此时已经持有该股的话，那么一旦股价在第二天不能继续走强，就应该立刻止损出局。

在跟庄的过程中，判断下跌之后出现的阳线是逃命机会还是买入机会，关键是要从股价运行的趋势上来进行判断。如果股价是在上升趋势中的短线回落调整时出现反弹大阳线，并且此时各个上升的技术指标并未改变的情况下，那么后市将会重返升势，此时收阳线就是买入的时机；如果此时从各个技术指标来看有明显的见顶迹象，说明此时的上涨"大势已去"，收出反弹大阳线之后，股价将会继续下跌，投资者此时就应该把握好这次反弹的机会，果断清仓出局。

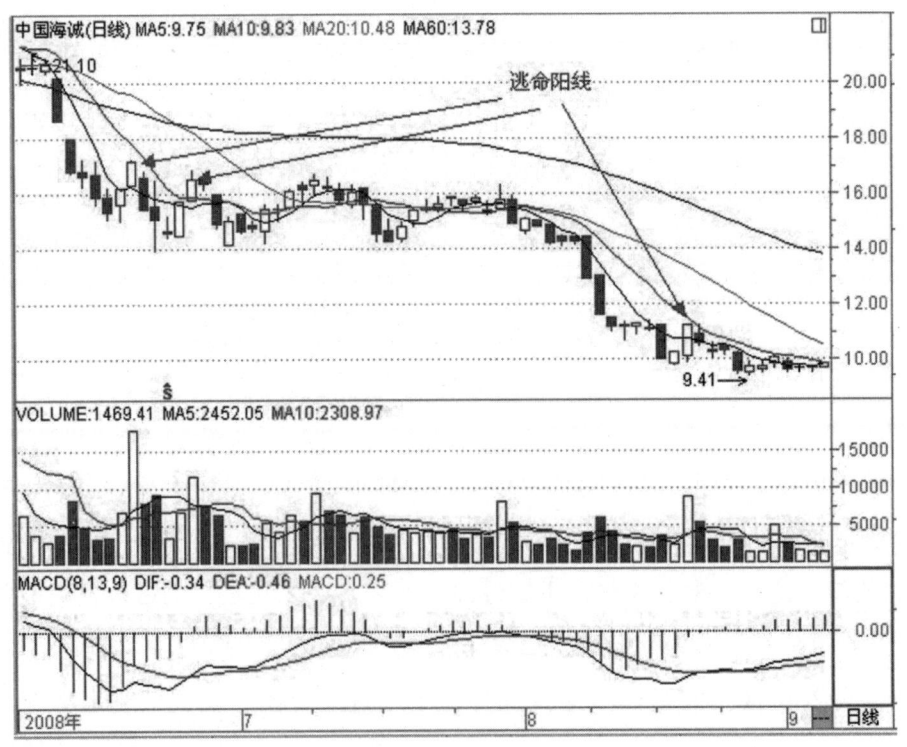

图71　逃命阳线

在跟庄操作的过程中，如果遇到下跌途中出现反弹高度一次比一次低的个股时，那么每次反弹时都是"逃命"出局的机会，否则最后必然会越套越深。特别是那些暴跌之后的个股，在下跌过程中出现阳线，通常并不能断定股价已经运行到底部了，因为股价的暴跌对市场人气的打击很大，在短期内很难恢复市场的元气。就像武侠电视剧里的武林高手一样，被对手打伤之后，都需要一段时间的疗养，才能真正恢复元气。个股在经历了暴跌之后，也需要在低位横盘整理一段时间，这样的底部才算得上是牢固的。投资者看见股价暴跌之后就匆匆忙忙去抢反弹的话，风险是很大的。

短线高手操作策略：下跌途中碰到"逃命线"果断止损。

图71就是002116在2008年下半年的走势实例。

三十九、看穿庄家出局痕迹

庄家一轮庄做下来，要撤退的话，总会在K线走势图上留下蛛丝马迹。投资者在跟庄的过程中，如果个股经过一波上涨行情之后，股价已经有比较大的上涨幅度了，盘中却突然在某一天出现冲高回落，留下一根带长长上影线的K线，并且此时伴随着成交量增大的话，出现这种形态的走势一般是庄家逃跑时来不及销毁的"痕迹"。出现这种走势形态时，投资者一定要十分谨慎，因为这预示着股价可能在短期内就会见顶，并且很有可能后市一路向下，走出一波惨烈的下跌行情。

股价被庄家大幅度炒高后运行到高位时，容易出现带长长上影线的K线走势形态。出现这种走势形态之后，股价随后就出现了一波大幅度的下跌行情。所以，投资者在跟庄的过程中，对这种形态的走势一定要谨慎，一旦此形态出现，就要提防庄家出货。

庄家出逃时的影线是由一根带长长上影线的K线形成的，这根K线可以是阳线，也可以是阴线，其中上影线的长度应该是K线实体的2倍以上，并且在出现上影线的当天，股价往往是高于前一天的收盘价格开出的，出现这种形态的走势时，同时也伴随着成交量的放大。这种形态在分时走势图上会呈现出加速上涨的状态，经常出现直线式的上涨，但很快就会迅速下挫回来。出现这种走势形态的原因主要有以下两种。

（1）庄家的诱多动作。庄家在早市开盘时先把股价大幅拉高，以此来吸引跟风盘涌入。等场外的投资者上钩之后，庄家再反手做空，把股价压下来，股价呈现出先升后跌的走势形态。

（2）股价经过连续上涨之后，获利盘的利润十分丰厚，持股者对后市的看法出现了分歧，做多的投资者此时出现了转变，短线投机者纷纷选择落袋为安，因此股价冲高回落，这种情况也会留下长长的上影线。

出现这种走势的个股，股价短期就会见顶。在跟庄的过程中，投资者如果遇到这种走势的庄股时，就应该先获利了结，回避短期股价回落而带来的风险。

短线高手操作策略：庄家逃，我也逃。

图72就是600131在2007年上半年的走势实例。

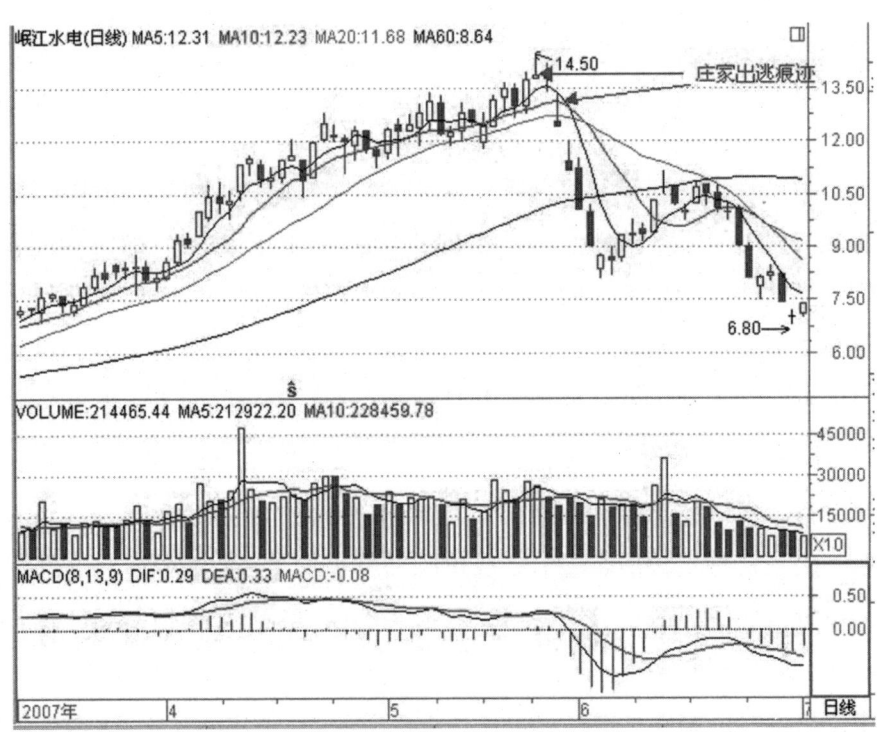

图72　庄家出逃痕迹示例

四十、乌鸦群飞快远离

投资者如果发现庄股经过一轮幅度比较大的上涨之后（上涨幅度在50%以上），K线图上连续出现三根阴线的走势形态，并且开盘价一天比一天低，收盘价格也在不断地下移。出现这种走势形态，K线技术上称之为"三只乌鸦"，这是市场走势转淡的典型形态，出现这种形态时，投资者要减仓操作，或者是清仓出局。

当股价运行到高位时出现"三只乌鸦"的走势后，其他"乌鸦"也会成群结队而至，继续收出数根阴线，所以这种形态对市场的见顶走势预测比较准确。

股价运行到高位区域连续三天收出阴线时，市场由强转弱的信号就比较明确了，很有可能会立刻发生转势的走势。如果在出现"三只乌鸦"的走势时，成交量与前几天相比出现萎缩，并且5日均线和10日均线都调头向下的话，可以判断市场很快就会出现下跌的行情，此时投资者应该立刻清仓出局，避免股价快速下跌带来的损失。

一旦股价在运行到高位区域时出现这种"三只乌鸦"的走势形态，就会引来一群"乌鸦"的跟随，这就是我们常说的"乌鸦群飞"状态。投资者遇到这种情况时，就要立刻采取减仓或者是清仓操作。特别是在股价高位回落一定幅度之后迎来反弹行情时，出现这种"乌鸦群飞"的走势形态，就要更加注意，此时投资者应该果断清仓出局。

股市里有句俗语：会买的是徒弟，会卖的才是师傅。投资者在实际操作过程中，要想保住胜利果实，操作上就应该讲究卖出的技巧。那么投资者在卖出时应该注意哪些问题呢？

（1）有备而来。无论什么时候，在买进股票之前，就要盘算好买进的理由，并计算好出货的目标位。千万不可以盲目地买进，然后盲目地等待上涨，再盲目地被套牢。买股票要看看它的基本面，有没有令人担忧的地方，以防基本面突然出现变化带来的投资损失，特别是要注意不买问题股。

（2）一定要设立止损点。凡是出现巨大亏损的投资者，都是由于入市的时候没有设立止损点。设立了止损点就必须认真执行，特别是在刚买进就被套时，如果发现买错了，就应该立刻卖出。总而言之，作长线投资也必须是股价能长期走牛的股票，一旦股价长期下跌，就必须卖出！

（3）不怕下跌怕放量。有的股票无缘无故地下跌并不可怕，可怕的是下跌时成交量放大。特别是庄家持股比较多的品种，绝对不应该有巨大的成交量，如果出现巨量成交，十有八九是庄家在出货。所以，对任何情况下的突然放量，投资者都要极其警惕。

（4）拒绝中阴线。无论大盘还是个股，如果发现跌破了大众公认的强支撑，当天有收中阴线的趋势，都必须加以警惕！特别是本来走势不错的个股，一旦出现中阴线，可能引发中线持仓者的恐慌，并大量抛售。有些时候，庄家即使不想出货，也无力支撑股价，最后股价必然会跌下去，有的时候庄家自己也会借机出货。

（5）基本面服从技术面。股票再好，形态坏了也必跌。最可怕的是很多人看好的知名企业的股票，当技术形态或者技术指标变坏后，还自我安慰说要投资。即使再大的资金做投资，技术形态变坏了，也应该至少减仓50％以上，等待形态修复后再买进。要知道，没有不能跌的股票，也没有不能大跌的股票，所以对任何股票都不能迷信。

（6）不做庄家的牺牲品。有时候投资者获得了有关庄家的消息，在买进之前投资者可以相信，但关于庄家出货的消息千万不能相信。任何庄家都不会告诉你自己在出货，所以庄家是否在出货，要根据盘面特征来决定，千万不可以根据消息来做判断。

短线高手操作策略：坚决卖出。

图73就是600489在2007年9月的走势实例。

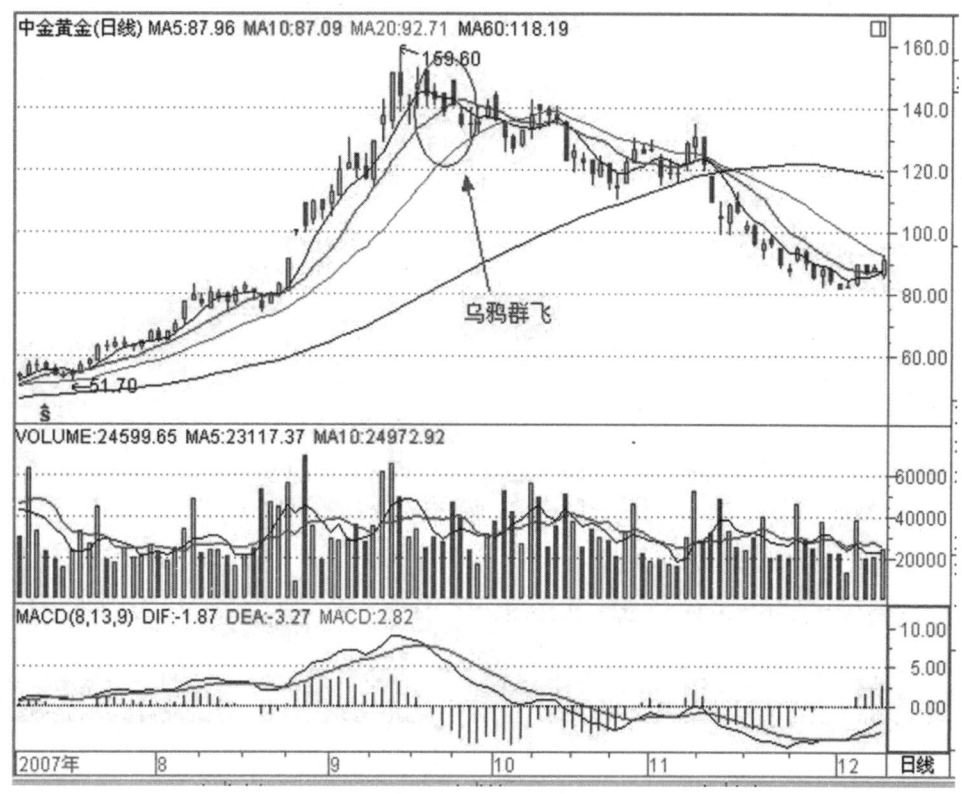

中金黄金(日线) MA5:87.96 MA10:87.09 MA20:92.71 MA60:118.19

159.60

乌鸦群飞

51.70

VOLUME:24599.65 MA5:23117.37 MA10:24972.92

MACD(8,13,9) DIF:-1.87 DEA:-3.27 MACD:2.82

2007年 8 9 10 11 12 日线

图73 "乌鸦群飞"列态

四十一、单追涨停交易

少数短线高手喜欢这样一种非常激进的交易：不进行任何基本面调查，也不进行任何深入的技术分析，只是非常简单地买进涨停板个股，利用其涨停惯性来获取差价利润。大量的操作结果表明，这种交易能较为有效地控制风险，当然所获的利润也较少。

在运用这种交易理论买卖股票的时候，需遵循以下步骤和原则：

买入股票

（1）当股价第一次接近涨停或涨停时，不要急于追进。

（2）股价第一次涨停后，常会受到极大抛压而打开涨停板，这时就要紧盯着盘中买卖单并在网上挂上以涨停板买进的买单，但不要急于买进。

（3）等到第二次即将涨停的一瞬间最后一个价位的卖单大部分被吃掉之后再买进。

（4）当同时有多个股票涨停时，以底部第一个涨停板的股票作为首选。

有时，宁愿排队买也不要匆忙买进，以控制风险。

卖出股票

（1）市场太差的时候，有三个点的差价即可抛出。

（2）市场稳定的时候，五个点以上择价抛出。

（3）如果次日股价低开较多，即以昨天涨停板价亏手续费平仓抛出。

短线高手操作策略：短线设置目标位，快进快出。

图74就是600162在2007年6月6日的走势实例。

图74　超短线进入位

四十二、跟庄就要跟强庄

庄家有大小、强弱之分，交易者只有跟上强庄，才能实现短期内的利润最大化，所谓"擒贼先擒王，跟庄跟龙头"就是这个道理。判断庄家的强弱，往往可以从以下几个方面进行。

（1）个股我行我素。绝大多数股票都是跟随大盘趋势而动的，逆市而行的个股很少，一旦出现，则必然是阶段性的强庄或牛股。只有有雄厚的资本实力，个股才能在短期内我行我素，不理会大盘的涨跌。

（2）总比大盘强。强庄还有一个特征，那就是当大盘涨的时候会涨得更多，为大盘上涨多贡献一些指数；而当大盘跌的时候，则异常抗跌，因为庄家知道一旦挺不住，收拾残局要消耗更多的资金和时间。

（3）总比同板块强。每个板块里几乎都能找到阶段性的领头羊，板块内大量的资金都汇聚在它的身上。无论同板块走势如何，领头羊的走势总是比同板块的其他个股强势。

（4）轻松应对利空。在大盘或个股出现突发性的利空消息时，实力不强的庄股纷纷应声而跌，暂退一步而实力强大的庄股则不会随波逐流，能够挺住大量散户的抛单，并控制住股价的走势。

（5）走势规律极端化。一部分强庄股的走势很有规律，短、中期均线呈多头排列状态，涨跌有度，不大受外界影响；而另一部分强庄股则常常破坏规律，走势形状怪异，忽上忽下，天马行空。

（6）所属概念独特持久。很多强庄股之所以能够长久发力，其原因往往是由于所属概念独特且持久。比如奥运概念就曾经在股市上唱响了一年，一些资源独特的奥运概念被挖掘后，常常出现翻倍的行情。

（7）股东人数变少。根据上市公司披露的股东数量可以看出，当强庄股的股价完成一个从低到高、再从高到低的过程时，实际也是股东人数从多到少、再从少到多的过程，筹码越集中，股东人数就越少。但要注意，有些庄家会故意在会计结算年度快结束时，将分散的仓位大肆合并，这样在公布年报时就会显示股东人数极少，使交易者误以为庄家入驻其中而盲目追涨，庄家因此可以轻松地全身而退。

　　如图75，600497是2006年大牛市行情中耀眼的黑马，从2005年年底10元左右起步，涨到154元，10送10除权后又涨到110元，即便在著名的"5.30"暴跌行情中该股主力也能临阵不乱，很快企稳，与其他很多个股连续跌停相比，显示出应对利空抗跌性很强的特点，加上该股概念独特，所以能够认定该股主力为强庄。

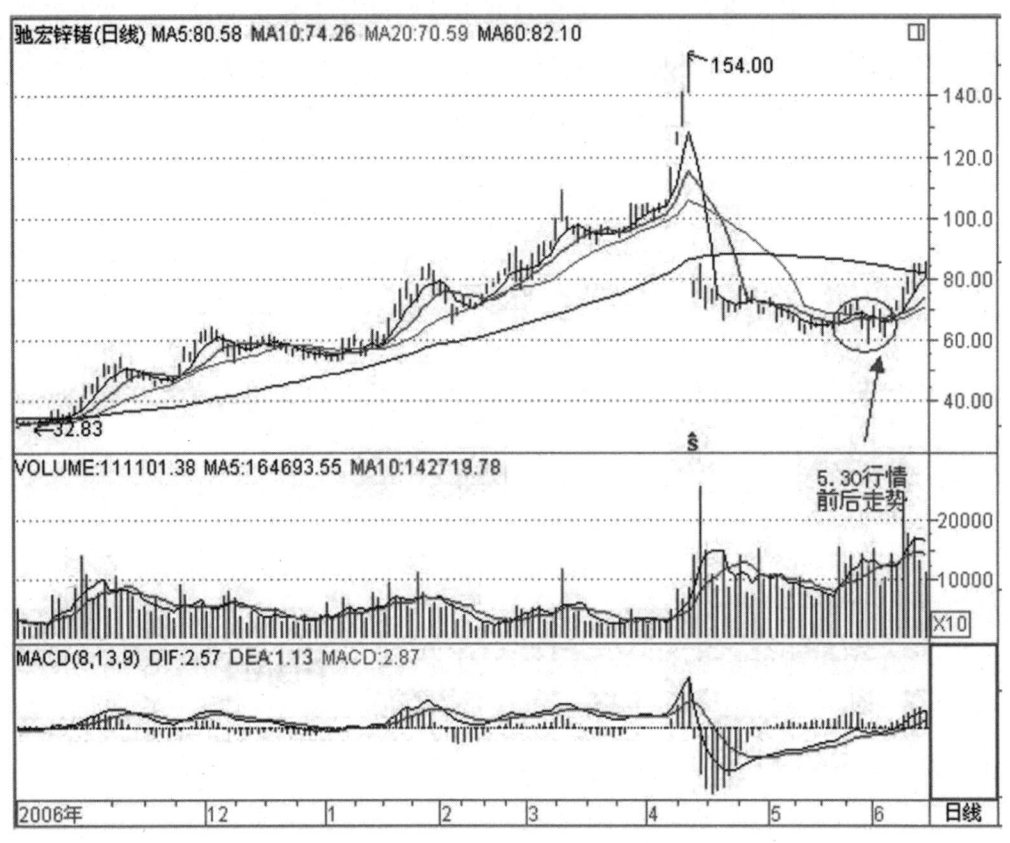

图75　5.30行情中的黑马股

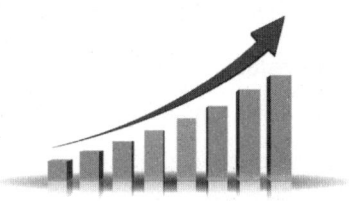

黑马选股盈利口诀欣赏

口诀1：红旗招展波澜起，冲锋号响涨情急

口诀要点

口诀中"红旗招展"其实指的是旗形整理形态，旗形整理形态就如一面小旗，规限于两条平行的直线，股价进入调整，一波比一波低，似是即将反转下跌，但随着成交量放大却突然止跌企稳，放量突破上轨。

口诀详解

对于投资者来说，做好基本面分析，选中某只个股，但由于对大盘的担忧或希望在更低的价位买入，不料该股却突然启动，措手不及未能及时买入，如果认为其中长线仍有一定上升空间，可寻机在该股整理时介入。

在极端多头市场中，股价大幅攀升至一处压力位，这一段涨幅被称为"旗杆"，然后开始进行旗形整理，其图形会形成由左向右下方倾斜的平行四边形，从某种角度又可以认为是一个短期内的下降通道。在形态内的成交量呈递减，由于旗形（见下图）属强势整理，所以成交量不能过度萎缩，而要维持在一定的水平。但股价一旦完成旗形整理，向上突破的那一刻，必然会伴随大的

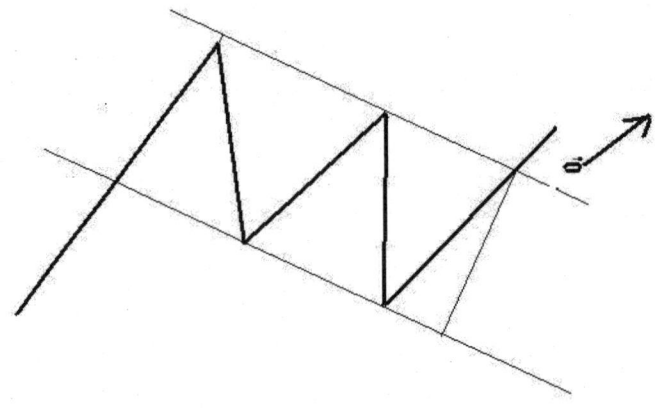

图76　上升突破型旗形整理形态示意图

成交量，而后股价大幅涨升，其上涨幅度将达到旗杆的价差，且涨升速度快，上涨角度接近垂直。一段强势行情，其整理时间必定不会太长，一般在5至10天。如果整理时间太长，容易涣散人气，其形态的力道也会逐渐消失，而不能在将它当旗形看待。

那么旗形突破形态是怎样形成的呢？股价经过一段陡峭的上升行情后，做空力量开始加强，单边上扬的走势得到遏制，价格出现剧烈的波动，形成了一个成交密集、向下倾斜的股价波动区域，把这一区域中的高点与低点分别连接在一起，就可看出一个下倾的平行四边形即上升旗形。在旗形的形成过程中，成交量逐渐递减，普遍存在惜售心理，市场抛压减轻，新的买盘不断介入，直到形成新的向上突破，完成上升旗形。伴随着旗形向上突破成交量逐渐放大，开始了新的多头行情，形成了"上升——整理——再上升"的规律。因此上升旗形是强势的特征，投资者在调整的末期可以大胆地介入，享受新的飙升行情。

投资者应注意，应用旗形形态捕捉黑马有几个必要条件：

1.成交量必须从左至右逐步递减。

2.股价一定要高于前一波做整理。

3.同时MACD必须金叉。

4.股价突破时必须放量，突破颈线时立即买进。

例：西南药业(600666)（见图77）2003年4月21日，突破前期头部后做旗形整理，量能逐步萎缩，4月30日在10日均线上止跌企稳，原先头部的阻力变成支撑，旗面形成。此时便可跟进。次日，果然该股调整结束，高开放量上攻，5日均量交叉10日均量，MACD重新向上发散，股价开始飙升。

从上图中我们可以发现，旗形突破形态有以下特点：

旗形必须在急升或急跌之后出现，并且成交量在形态构成期间不断地显著减少。但由于旗形是一种强势整理，成交量仍能维持在一定的水平，不至于过于萎缩。西南药业拉出旗杆后股价回调，在画出上升旗面时，成交量即开始萎缩，但是萎缩并不等于地量，从图上可看出旗形构成期间成交量虽显著减少，但仍维持相当活跃的水平。

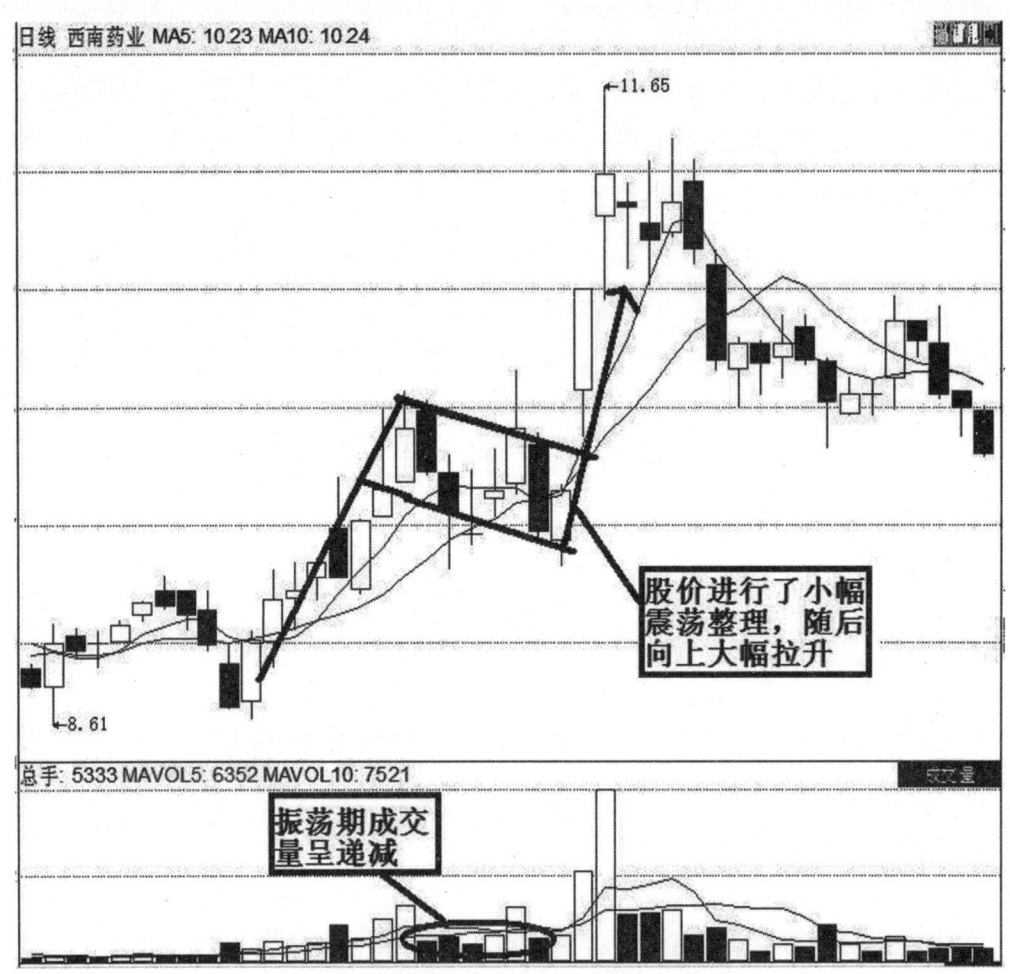

日线 西南药业 MA5: 10.23 MA10: 10.24

←11.65

股价进行了小幅
震荡整理，随后
向上大幅拉升

←8.61

总手: 5333 MAVOL5: 6352 MAVOL10: 7521

振荡期成交
量呈递减

图77　西南药业旗形形态暴涨图解

　　旗形形态完成后成交量剧增，这一点在下降旗形形态中同样适用。向上突破时放量容易理解，向下破位时放量其原因在于，由于旗形整理的周期相当短，卖家来不及消化，因此股价再度向下破位时将招致恐慌性抛盘的涌出。

口诀点金

　　一般来说，旗形在上升趋势中出现，会引发下一波的大涨。在下跌趋势中出现旗，会引发下一波的大跌。旗形在这里起到了加速度的作用。投资者在上升趋势中遇到旗形则应加码买进。在下跌趋势中则应及时出局，以免套牢。

口诀2：MACD在零轴下， 二次翻红出金叉

口诀要点

在捕捉黑马股时不可忽视对MACD指标的运用。MACD指标有两条曲线DIF和DEA来研判行情。当DIF、DEA指标处于O轴以下的时候，如果短期内（8或13个交易日内）连续发生两次金叉，则发生第二次金叉的时候，股价可能会暴涨。

口诀详解

MACD指标是利用长期（MACD）、短期(DIF)的二条平滑异同移动平均线，并计算两者之间的差离值（DIF-MACD）作为红绿柱长短的数据，使用中主要考虑长短期移动均线的交叉情况和红绿柱长短数值，以此作为判断行情买卖的依据。

投资者大都了解MACD金叉买入法（见图78），但实战中却往往发现其准确性不够高，事实上如果完全按照金叉买进、死叉卖出，获利较难或还有可能套牢亏损。为了增加MACD金叉的实战应用性，可以使用一种低位两次金叉买进的方法。

MACD在低位发生第一次金叉时，股价在较多情况下涨幅有限，或小涨后出现较大的回调，造成买进的投资者出现套牢亏损情况。但是当MACD在低位第二次金叉出现后，股价上涨的概率和幅度会更大一些。因为在指标经过第一次金叉之后发生小幅回调，并形成一次死叉，此时空方好像又一次地占据了主动，但其实已是强弩之末，这样在指标第二次金叉时，必然造成多方力量的发力上攻。

具体地来说，利用两次金叉买入法不可操之过急，股价上升MACD翻红时不要着急出手，其后随股价回落，DIF(白线)向MACD（黄线）靠拢，当白线与黄线黏合时（要翻绿未翻绿），此时只需配合日K线即可，当此时K线有止跌信号，如：收阳，十字星等，若此时能止跌称其为"底背离"。底背离是买入的最佳时机！

反之，当股价高位回落，MACD翻绿，再度反弹，此时当DIF（白线）与MACD（黄线）黏合时（要变红未变红）若有受阻，如收阴，十字星等，就有可能"顶背离"是最后的卖出良机！此时许多人以为重拾升势，在别人最佳卖点

买入往往被套其中。

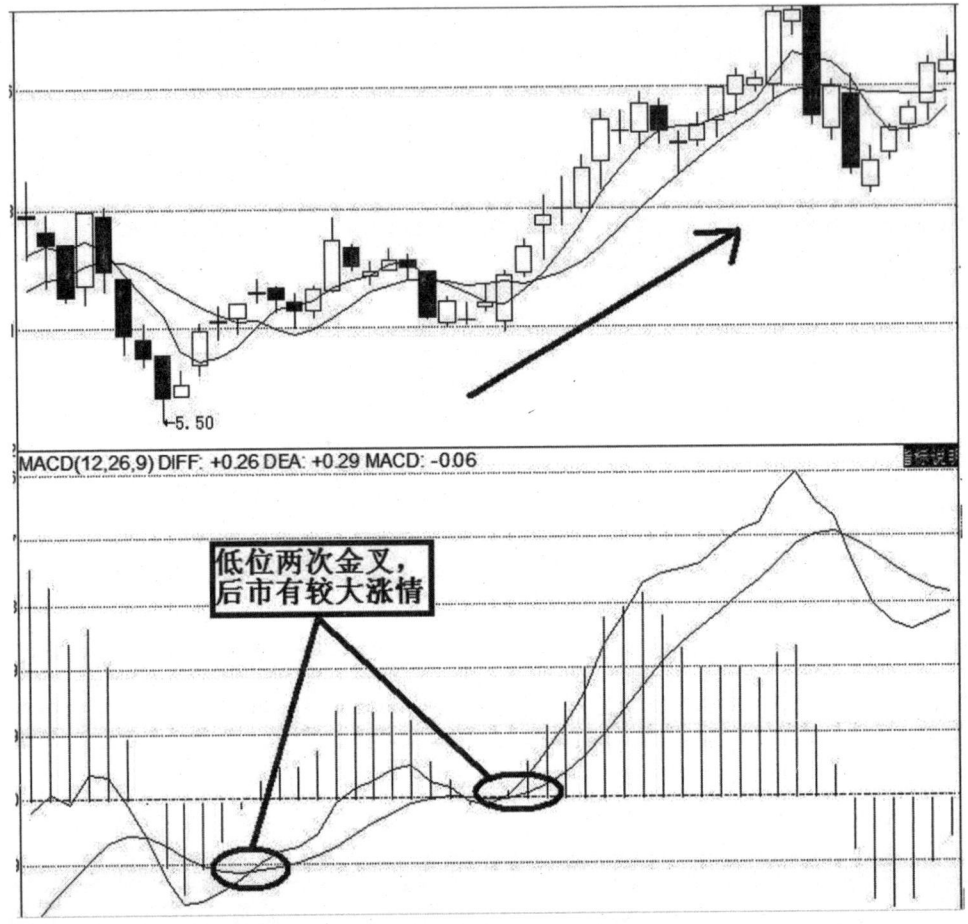

图78　MACD低位两次金叉示意图

但在操作时要注意:

a. 背离时不理是否击穿或突破前期高（低）位。

b. 高位时只要有顶背离可能一般都卖,不搏能重翻红,除非大阳或涨停。

C. 其为寻找短期买卖点的奇佳手段,短期涨幅在15%以上,但中线走势要结合长期形态及其他。

例：深鸿基（000040）（见图79）在2008年7月2日，DIF、DEA第一次发生金叉，当日收盘，DIF、DEA都处于负0.42、负0.43，之后股价回落，两指标再度在低位死叉，但是到了8月22日，DIF、DEA再度分别达到负0.23、负0.24，也即再度发生金叉，股价随即拔地而起，达到了4.32元。

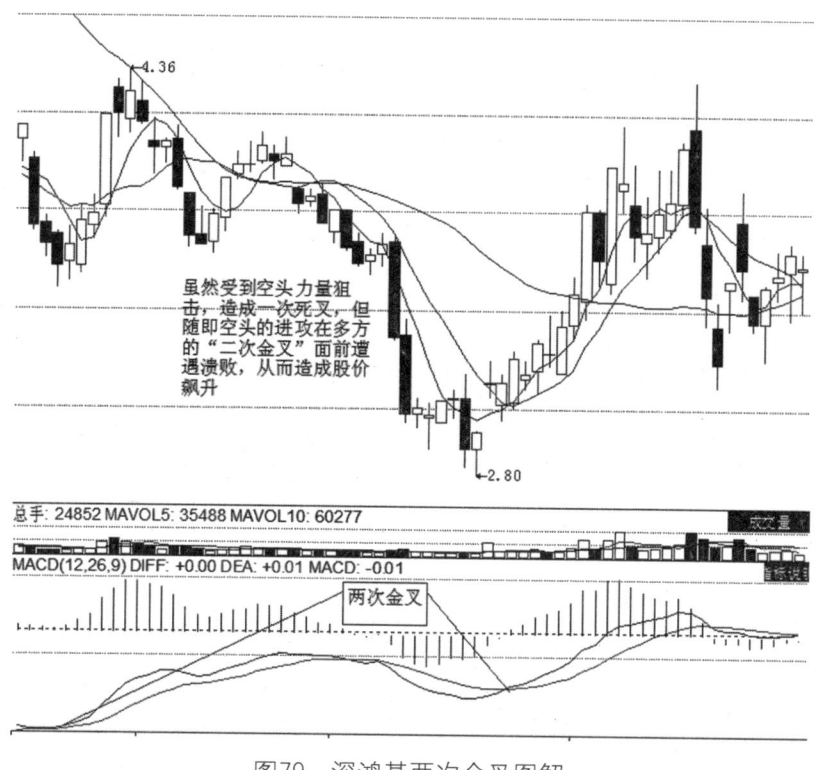

虽然受到空头力量狙击，造成一次死叉，但随即空头的进攻在多方的"二次金叉"面前遭遇溃败，从而造成股价飙升

图79　深鸿基两次金叉图解

口诀点金

MACD低位一次金叉的，未必不能出暴涨股，但MACD低位二次金叉出暴涨股的概率和把握更高一些。此外，如果结合K线形态上的攻击形态研判，则可信度将提高。也就是说MACD低位二次金叉可以和K线形态、量价关系综合起来考虑，以增加确信度。

口诀3：选股建仓看形态，头肩底右肩是要害

口诀要点

头肩底形态向投资者发出的是见底信号，头肩底如果成立的话，代表最恶劣的时刻已经过去，最低的价位已经出现，即使再跌也有一条底线。市场正凝

聚一种支持力和买意，只要一旦价位穿破颈线，构筑出右肩，就是一个极佳的入货讯号。

口诀详解

头肩底形态在形成的过程中可能会有很多潜在的演变方式，演变方式不同所带来的运行结果往往不一致，只有了解了潜在的变化，才能在遇到意外变化时及时地跟上市场的节奏。

股价长期波动，会在某价位区内停留一段时间，会出现三个底点，但其中第二个底部较其他两底点更低，从图形看，是一底两肩状，故名头肩底（见图80）。

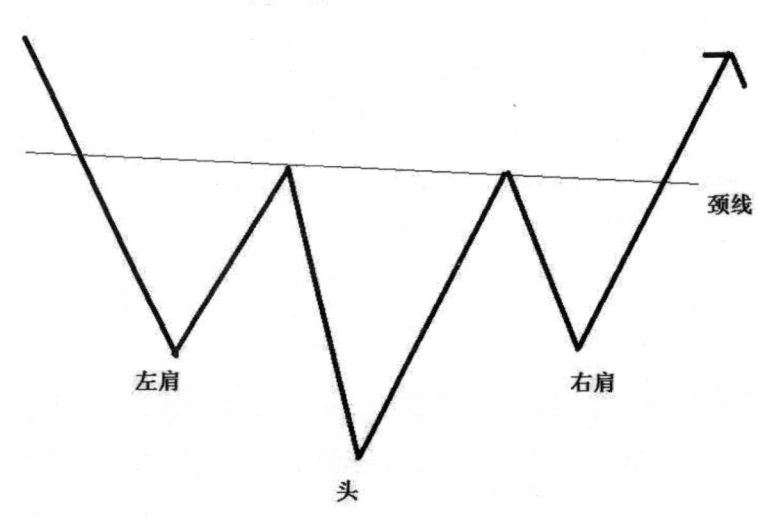

图80　头肩底形态示意图

该形态由4大基本要素构成，也是作为判定某一段趋势是否可能发生扭转的依据：

（1）原有趋势为下跌趋势。

（2）左肩下跌力度相对较大，下跌到头部力量减弱，随后的上涨高于左肩低点。

（3）右肩下跌力度再次减弱，无法创出新低。

（4）有效向上突破颈线确认。

头肩底形态形成过程是：股价经过长期下跌后，成交量逐渐萎缩，表明抛盘逐渐减少。此时会有投资者抢反弹，使股价缓慢推高，形成左肩；但跟风者并不踊跃，股价再度下跌。如果在左肩的反弹中进货的是别有用心的庄家主力，其会放量砸盘。因此此次下跌，成交量未减少，反而有增多趋势，直至吃进的少量筹码砸完了事，形成头肩底的大底。

随着股价的不断下移，主力一旦发现低价盘旋时成交量已日渐萎缩，则反手做多，一口气回升或越过左肩底价位，尔后再度回落，形成右肩，成交量大于左肩成交量。因为庄家在此时是真正的吃进筹码，右肩的回落则是为了震仓洗盘而已，所以在把握头肩底形态选股时，右肩是最重要的。

那么当投资者用头肩底形态捕捉黑马时应当怎样操作呢？

首先，把握建仓点。在头肩底走势中，最有依据的买入机会在向上有效突破颈线之后，以及突破颈线后的回抽确认机会。但是在实战中，是否能够建仓或者说是否能按照头肩底形态预测方式来操作，需要更多局部走势与指标的配合来进一步确认。

其次，设立止损位。一般来说，止损价位应该是头肩底形态的头部，即该形态的最低点下方，只有最低点被向下穿越才能认为头肩底形态的失败。

再次，计算目标价格。理论最小目标计算类同于双底形态，以头肩底形态的头部最低点向颈线的垂直距离，向上翻一倍，则是理论最小目标，但这只是最小距离，实际走势中的幅度计算还应该参考大形态上的走势。

最后，渐进仓位操作。对于右肩区域较明朗的个股，近1周内若探明了低点，且日K线图中成交量有所放大，可在股价靠近此低点时买进，此次仓位首先控制在3成。当股价逐步摆脱右肩的短期压力线后，趁股价回抽时，可视作一个买点，此次仓位可加到5成。股价上破形态颈线后，期间的回抽又是一次较佳买点，此时，仓位可加到8成。

例：鼎盛天工（600335）（见图81）2008年8月到2009年2月该股在低位构筑了一个巨大的头肩底形态，探底价位为3.65元，右肩最低点为4.60元。我们可将探底价位设为止损位，右肩低点设为参考止损位。股价拉升后，虽有震荡但始终未触及止损位可以继续持有，到当年12月份该股股价为8.33元。

日线 鼎盛天工 MA5: 6.43 MA10: 6.38

7.03→

颈线

右肩

左肩

←5.65

头

总手: 229384 MAVOL5: 111933 MAVOL10: 132817

成交量

图81　鼎盛天工头肩底买入图解

口诀点金

使用头肩底捕捉黑马个股时应注意，最好是在突破颈线后再行介入。而头肩底的上涨突破颈线，若没有较大的成交量，它的可信度不高，或许还会跌回底部多停留一段时间整理，以图蓄势再来。若收盘价突破颈线幅度超过该股市价3％以上，是有效突破，可大胆跟进，突破头肩底颈线后，股价上升的最小幅度至少为底至颈线的股价垂直距离，有时甚至达到1．618倍或2倍。

口诀4：黑马启动有前兆，手握资金等信号

口诀要点

把握黑马股，最好是在黑马还在起跑阶段就及时上马，这时选黑马的技巧就很重要。即使主力手法再隐蔽，黑马启动前一定还会有些前兆，投资者只要及时领会这些信号，就可以早早介入待涨。

口诀详解

从K线图看，当股价在低位进行震荡时，经常出现一些特殊图形，出现的频率超出随机概率。典型的包括带长上、下影线的小阳小阴线，并且当日成交量主要集中在上影线区域，而下影线中存在着较大的无量空体，许多上影线来自临收盘时的大幅无量打压；跳空高开后顺势杀下，收出一根实体较大的阴线，同时成交量明显放大，但随后并未出现继续放量，反而迅速萎缩，股价重新陷入表面上无序的运动状态；小幅跳空低开后借势上推，尾盘以光头阳线报收，甚至出现较大涨幅，成交量明显放大，但第二天又被很小的成交量打下来。这些形态如果频繁出现，很可能是主力压低吸筹所留下的痕迹。

从k线组合看，经常出现上涨时成交量显著放大、但涨幅不高的"滞涨"现象，但随后的下跌过程中成交量却以极快的速度萎缩。有时股价上涨一小段后便不涨不跌，成交量虽然不如拉升时大，但始终维持在较活跃的水平，保持一到两个月后开始萎缩。由于主力进的比出的多，日积月累，手中筹码就会不断增加。尽管目前的主力已无法操纵大盘，但调控个股走势还是绰绰有余的，往往会在收盘时通过各种手段改变股价走向，从而使一些技术指标逆转，以迷惑一般投资者。从这个意义上说，在研判个股走势时，收盘价虽然是重要的，但盘中总体走势也不可忽视，在建仓阶段和拉升末期尤其如此。

第一，股价长期下跌末期，股价止跌回升，上升时成交量放大，回档时成交量萎缩，日K线图上呈现阳线多于阴线。阳线对应的成交量呈明显放大特征，用一条斜线把成交量峰值相连，明显呈上升状。表明主力庄家处于收集阶段，每日成交明细表中可以见抛单数额少，买单大手笔数额多。这表明散户在抛

售，而有只"无形的手"在入市吸纳，收集筹码。

第二，股价形成圆弧度（见图82），成交量越来越小。这时眼见下跌缺乏动力，主力悄悄入市收集，成交量开始逐步放大，股价因主力介入而底部抬高。成交量仍呈斜线放大特征。每日成交明细表留下主力踪迹。

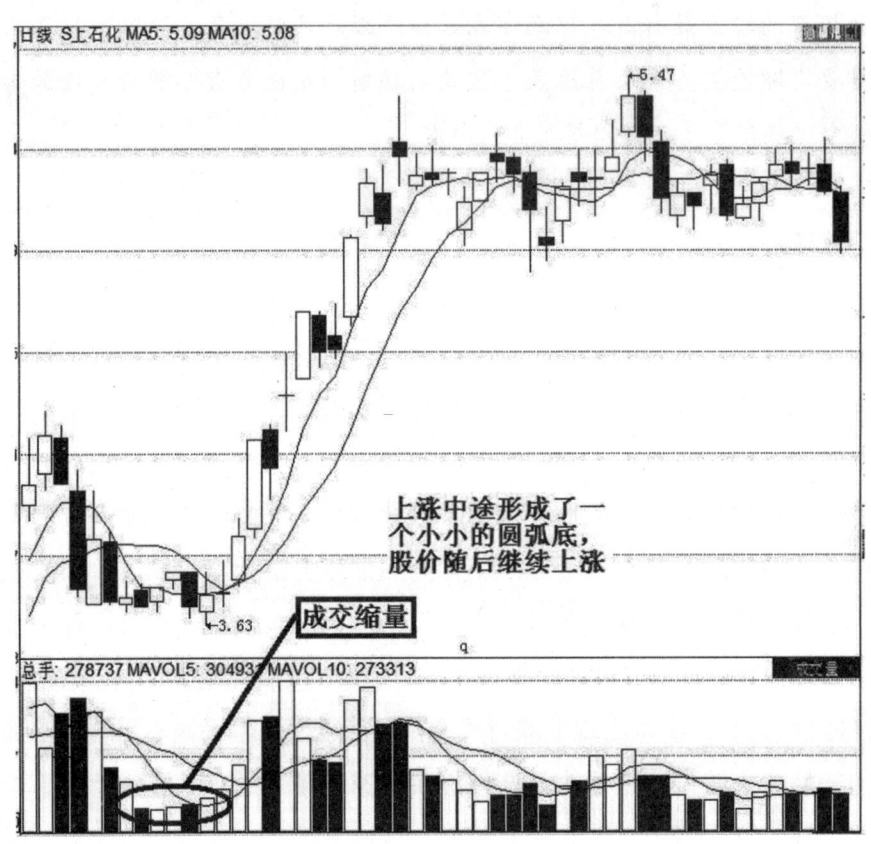

图82　圆弧底判断黑马股图解

第三，能成为黑马的个股在启动前总是会遇到各种各样的利空。利空主要表现在：上市公司的经营业绩恶化，有重大诉讼事项，被监管部门谴责和调查，以及在弱市中大比例扩容等很多方面。虽然利空的形式多种多样，但是，有一点是共同的：就是利空容易导致投资者对该公司的前景产生悲观情绪，有的甚至引发投资者的绝望心理而不计成本地抛售股票。

第四，股价呈长方形上下震荡，上扬时成交量放大，下跌时成交量萎缩，经过数日洗筹后，主力庄家耐心洗筹吓退跟风者，后再进一步放量上攻。

第五，能成为黑马的个股在筑底阶段会有不自然的放量现象，量能的有效放大显示出有增量资金在积极介入。因为，散户资金不会在基本面利空和技术面走坏的双重打击下蜂拥建仓的，所以，这时的放量说明了有部分恐慌盘正在不计成本地出逃，而放量时股价保持不跌恰恰证明了有主流资金正在乘机建仓。因此，就可以推断出该股未来极有可能成为黑马。

前涨停带动后涨停爆出大黑马。

例：宝钢股份（600019）（见图83）从2006年5月到2006年7月该股股价大幅下跌，进入7月后股价开始了长时间的震荡盘整，到了10月27日，股价突然由4.37元启动开始了一波涨情，到了2007年1月份该股已涨至10.80元。

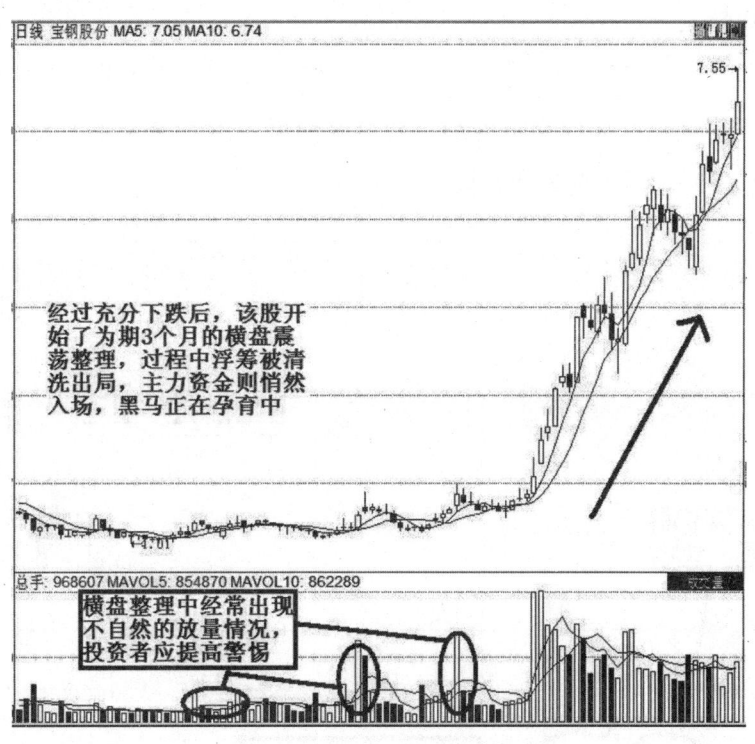

经过充分下跌后，该股开始了为期3个月的横盘震荡整理，过程中浮筹被清洗出局，主力资金则悄然入场，黑马正在孕育中

横盘整理中经常出现不自然的放量情况，投资者应提高警惕

图83　宝钢股份黑马买入图解

口诀点金

在黑马股的孕育阶段，震荡盘整往往会多次出现，但随着主力持筹的不断增加，振幅往往会逐步收窄，其间如遇大盘急挫，更是考验黑马成色的大好时机，这种情况下，那些振幅很小的个股，主力控盘能力更强，日后突破上攻只是个时间问题。

口诀5：缩量回调是关键，低头饮水位最佳

口诀要点

缩量回调是指股价在低位上涨时回调并同时出现成交量萎缩。一般认为，这种情况很可能是一种震仓手法，此时投资者不应被这短暂的回调吓到，此时正是建仓加仓的好时机，在此处介入就可以把握一段主升浪。

口诀详解

黑马股并不是突然形成的，看起来好像黑马股是在某一天突然爆发,但在之前已经有很多迹象，而成交量的细小变化最能反映出这种迹象。比如说某股票在上涨一小段时间后出现缩量回调（见图84）。

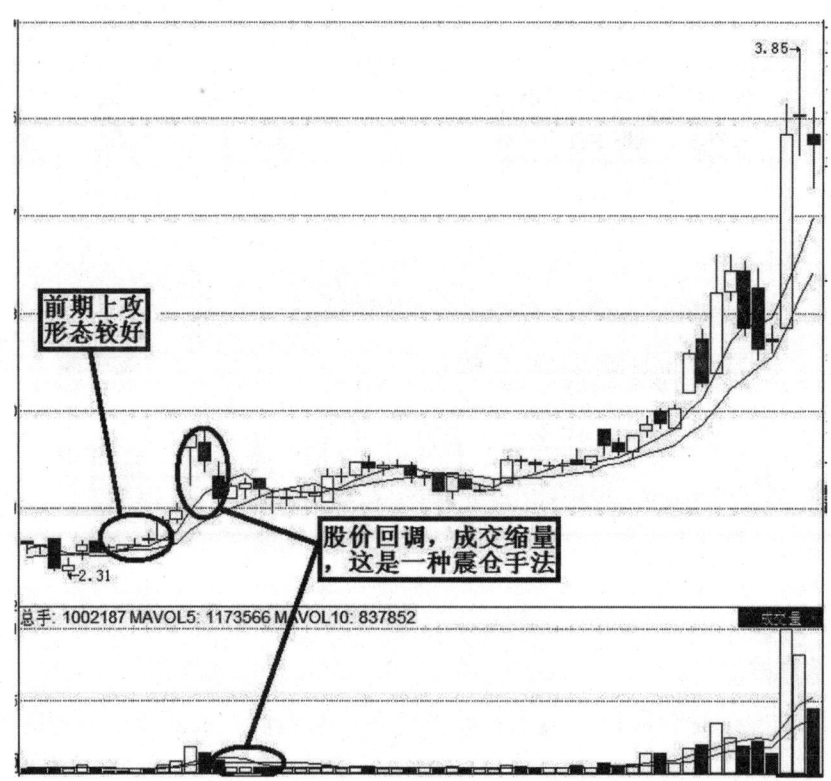

图84　个股缩量回调图解

为了阻止散户抢筹，也为了清除一部分已获利的筹码，该股往往在攻击形态

极佳之时，突然掉头向下，一路振荡走低，股价连连击穿众多"支撑"。由于多数筹码在庄家手中，而散户又不可能齐心做多，于是，庄家仅需牺牲少量筹码，便可打压股价；因此，随着意志不坚定分子的不断出局，成交量日渐稀少，最后，在连续数日持续萎缩之后，股价渐渐止跌——这便是缩量回调的过程。

缩量回调的形态很常见，如何判断是否是黑马股的震仓手法呢？

（1）从周线上看，明显有增量资金介入。上涨趋势明显，上涨过程中成交稳定而且换手不高，资金控盘明显。

（2）背离指标：A.该股走势周线与大盘的背离程度；B.该突发消息与股价的背离程度；C.日线走势与大盘的背离程度。

（3）资金介入的理由，如题材，业绩等，特别要关注长期借口。

（4）前期股价没有出现较大幅度的上涨，在指数上涨的情况下，个股存在补涨的机会，或者主力在盘整中吸筹，买入时的安全性较高，买入被套的概率很低。

（5）当均线系统、MACD指标、KDJ指标出现抬头上行时，预示着个股股价即将上涨，也是主力拉升股价很好的技术指标走势形态。

（6）当股价下跌时成交量明显萎缩，说明主力对该股的筹码进行了锁定，对该股的后市看好。同时，下跌时成交量萎缩，主力资金也无法流出，而且股价也没出现较大幅度的上涨，主力也不会出局。

把握以上六个方面，寻找出黑马股就比较有把握了。

而确认黑马股后还要应用缩量回调进行操作：

（1）缩量回调时分批买入。

（2）突发利空，股价下挫而成交没有异常放大时买入。

（3）只要成交量不异常放大就一直持有，加速上扬，成交放大，利好兑现时卖出。

例：大冶特钢（000708）（见图85）2000年4月14日，主力吸筹接近尾声，股价再度回落，至5月17日，成交量再度萎缩，股价止跌企稳。经过5个多月的吸筹，该股换手率已逾120%，至此，吸筹工作暂告一段落，随即展开一波强劲上扬行情。

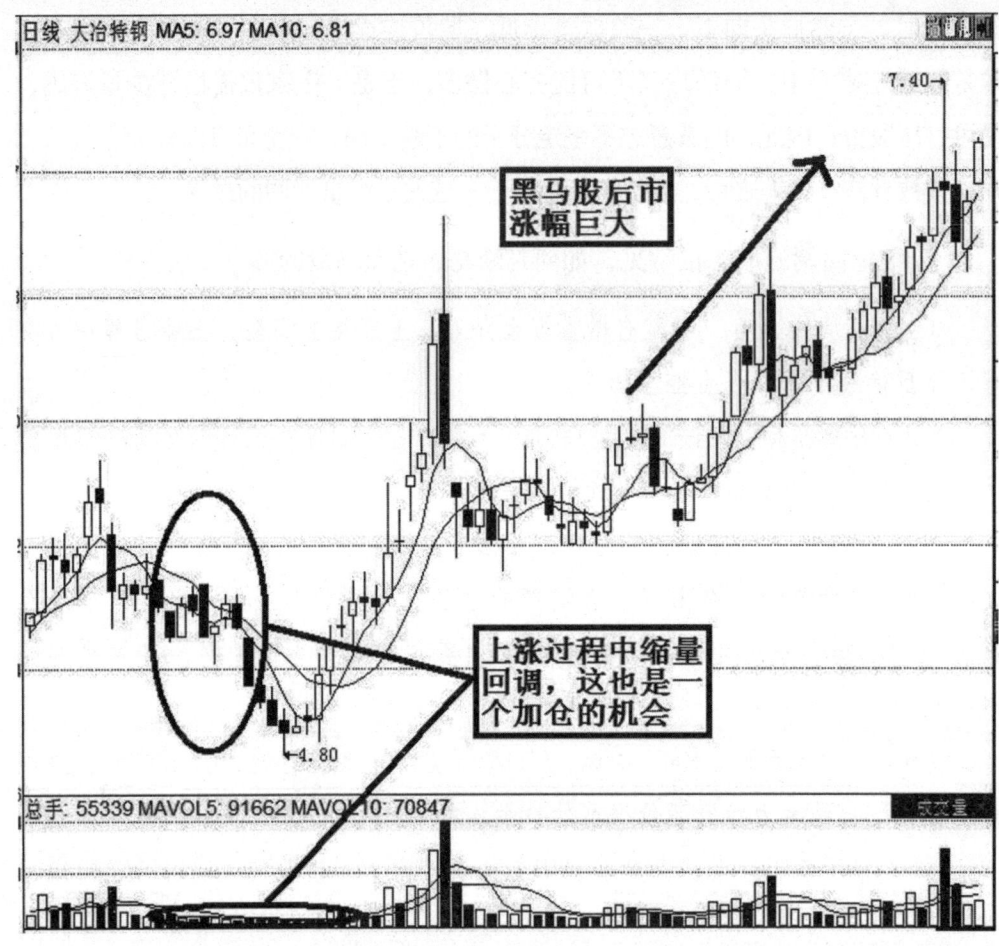

图85　大冶特钢缩量回调图解

口诀点金

上涨的个股出现缩量回调时，短线投资者可以卖出手里股票，在出现下跌企稳或临近收盘时再买回，这样可以做一个T＋0差价；如果是中线持有，在该股冲高缩量回落时，可以安心持股，不用担心股价的下跌，因为这是主力的振荡洗盘，想要将意志不坚决的投资者振荡出局，以便减少上行的获利筹码。

口诀6：支撑越近越踏实，阻力越远越好涨

口诀要点

当股票市场中卖方力量超出买方力量，价格向上势头受阻而掉头向下，形成一个波峰时，这一位置称为阻力位；当买方力量大于卖方力量，价格受到支持向上反弹，形成一个波谷，这一位置称为支撑位。在上升市中，之前的最高价往往会成为阻力位。在下跌市中，之前的最低价往往会成为支撑位。股价离支撑位越近越可靠，离阻力位越远上升空间越大，这也是识别黑马股的好方法。

口诀详解

对支撑位与阻力位投资者大都有一些了解，这里需要强调的是支撑位和阻力位并不是一定的，一旦价格向下跌破支撑位无法重返支撑区，支撑位就变成了阻力位，进入另一个走势。相反，如果价格向上突破阻力位，并能守稳该水平以上价位而向上爬升，阻力位就变成了支撑位，从而进入新的行情走势。

支撑位和阻力位（见图86）的操作方法说白了也就两点：投资者在主要的和次要的支撑区寻找一个点位买入，或者在接近支撑位的一个点位买入；投资者在主要的和次要的阻力区寻找一个点位卖出，或者在接近阻力位的一个点位卖出。

在实战中，利用支撑位与阻力位把握上升空间、寻找黑马股的方法还是比较可靠的，但投资者必须做到准确把握阻力位与支撑位。这里简单介绍几种方法：

市场中的顶部或底部往往构成阻力位或支撑位；

技术图形中未补的缺口也形成有效的支撑位或阻力位；

均线也有助于投资者判断支撑位和阻力位，10、30、60日均线也常常构成一定的支撑和阻力。

利用心理价位来确定支撑位和阻力位，比如对上证指数来说，3000点、4000点和5000点等一些整数关口，都会对投资者形成心理上的阻力位或支撑位。大盘在整数关口，一般也会震荡整理较长时间。

根据缺口判断：一些跳空缺口，也会形成阻力位或支撑位。K线图中未补的缺口也会形成有效的支撑或阻力

价格回撤：即同当前走势相反的价格波动，比如大盘从4000点上涨到6000点，然后回撤至5000点，此后继续上攻，5000点便是行情的"回撤"，也说明5000点支撑强劲。

前期密集成交区：如果市场密集成交区在当前价位之上，那么该区域就会在股价上涨时形成阻力，这就是所谓的"套牢盘"。反之，如果市场当前的价位在历史成交密集区之上，那么该密集区就会在股价（或指数）下跌时形成支撑。

上升通道的顶端和底端及中心线，上升三角形的顶边、头肩顶的颈线等。

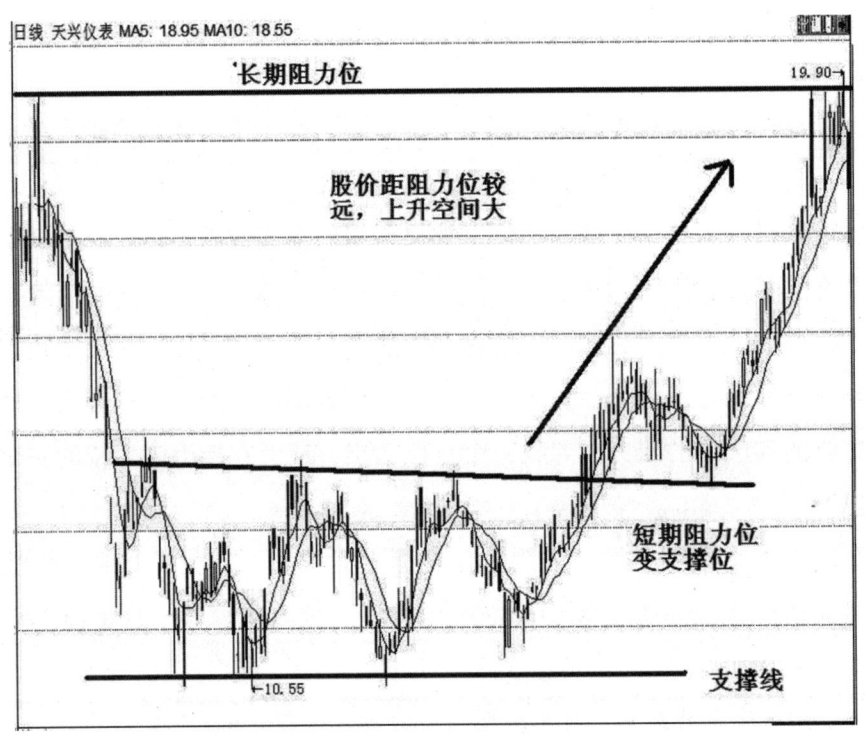

图86　支撑线与阻力线图解

多数情况下，阻力位与支撑位是一个区间，而不是绝对的一个点，判断这个阻力或支撑区间是否有效被突破或支撑是看那个极限点。一般来说，只要价格未能有效突破阻力位或支撑位，那么触及的次数越多，这些阻力位或支撑位也就越有效、越重要。当然，这个区间不能太大。一般来说，只要价格未能有效突破阻力位或支撑位，那么触及的次数越多，这些阻力位或支撑位也就越有

效、越重要。如果重大的阻力位被有效突破，那么该阻力位则反过来变成未来重要的支撑位；反之，如果重要的支撑位被有效击穿，则该价位反而变成今后股价上涨的阻力位。

口诀点金

对某只个股而言，如果股价轻松越过前期密集成交区，则往往是庄家控盘程度较高的标志。同时由于股价在突破阻力位后，上方已无套牢盘，上升空间被打开，这种股票就是短线介入的极好品种。

口诀7：ROC可做参考，超买线上快快跑

口诀要点

ROC是变动速率指标，具有超买超卖的特性。一般而言，对于只能达到超买线一(参数值5～10)的个股，投资者要见利就跑；而对于能达到超买线二(参数值12～17)的个股，应相应地进行波段的高抛低吸。而一旦个股能够摆脱这两条常态超买线，挑战第三条超买线三(参数值18～35)，行情往往就会向狂热的极端行情演变，很可能会成为超级黑马股。

口诀详解

ROC指标用来测量价位动量，可以同时监视常态性和极端性两种行情。以0为中轴线，可以上升至正无限大，也可以下跌至负无限小。以0轴到第一条超买或超卖线的距离，往上和往下拉一倍、两倍的距离，再画出第二条、第三条超买超卖线，则图形上就会出现上下各三条的天地线。

而一旦个股能够进入超买线三的区域，那么就有很大机会演绎为叠创新高的大黑马或独立牛股，而一般情况下具备以下特征的个股出现黑马的成功率较高：

（1）先于大盘启动，底部放量换手吸筹充分的，第一波ROC上攻至第三超

买线的个股。因为在大盘受政策利好止跌反弹时，主力持筹充分的个股往往走势强劲，而在这部分个股中，有75％的黑马出现概率。

（2）上攻日换手率3.5％~6％，第一波上攻月升幅在25％以上。股价回调后，仍能总体保持45度以上的攻击性角度。一旦第一波峰ROC指标达到第三超买线，其未来走势往往十分出众，投资者自当乘中线回调时介入。

（3）对于达到第三超买线的领涨股，一旦遇到主力的快速洗盘，投资者可果断介入。其中ROC向上突破零线，进入强势区域，表示多方力量强盛，这是辅助中短线的买入信号。

（4）股价在洗盘后启动第二波升浪时，中线20日或40日均线系统率先梳理完毕，并先于大盘呈多头排列。对于这类有庄超跌股，第二波走势往往会呈现出"涨、涨、涨"，涨不停的超强趋势。

（5）对于这类超强领涨股，投资者还要结合SAR停损指标、EXPMA向下死叉、或上升45度线来进行操作，这也是其确保盈利的良策。

一般说来，ROC指标在正值以下范围内波动为强势区域，可持股观望；ROC值在负值以下范围内波动为弱势区域，可持币观望。

ROC指标一旦进入强势区域，短线高手可待其回落至0值附近时逢低吸纳，远离0值时，可适时抛出，如此，能将利润有效扩大。

无论是短线投机者还是中线投资者，若ROC指标有效跌破0值以下，必须抛出。特别是前期ROC值长时间运行于0值以上的个股，尤应如此。

例：锦龙股份（000712）（见图87）在2008年11月股价由4.36元开始启动，开始了拉升行情。期间ROC值活跃于20以上，甚至一度达到56点，可以判断该股为一只超级黑马股，在股价回调时建仓，在该股依托均线上涨时放心持有，到了2009年1月份该股股价已涨至23.78元。

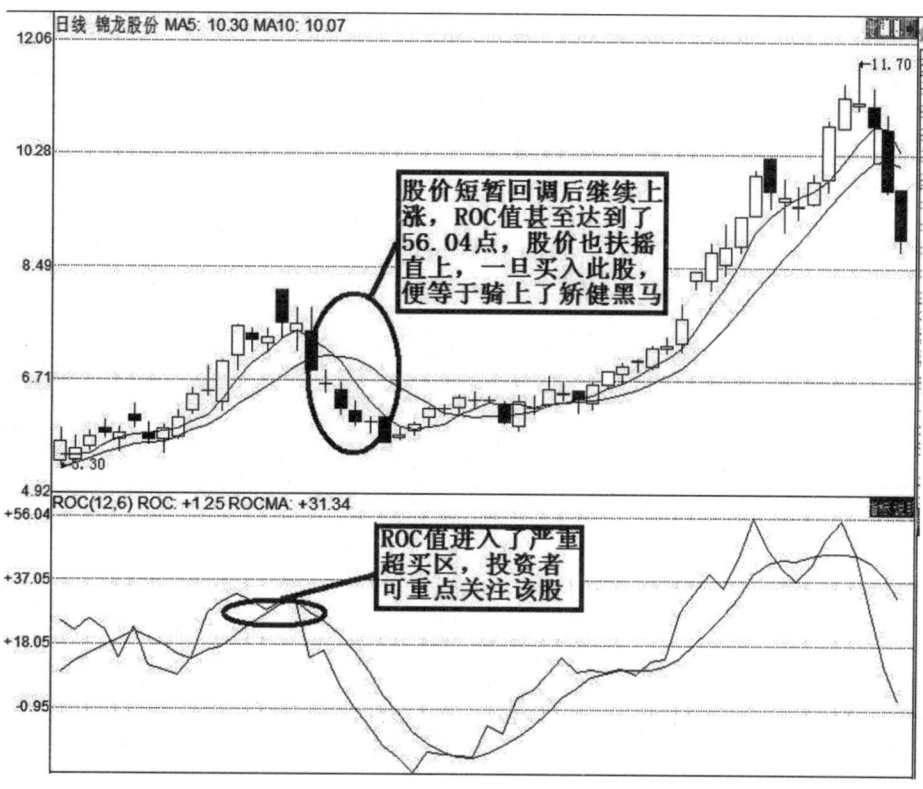

日线 锦龙股份 MA5: 10.30 MA10: 10.07

股价短暂回调后继续上涨，ROC值甚至达到了56.04点，股价也扶摇直上，一旦买入此股，便等于骑上了矫健黑马

ROC(12,6) ROC: +1.25 ROCMA: +31.34

ROC值进入了严重超买区，投资者可重点关注该股

图87　锦龙股份ROC指标选股图解

口诀点金

ROC捕捉牛股时，还可以应用其领先于股价的特性。如果从高向低ROC曲线出现两个依次下降的峰，而此时，股价却出现新的高峰。这就是背离，是卖出的信号。同理，ROC从低向高形成依次上升的两个谷，而此时，股价却出现了新的低谷，这是买入信号。

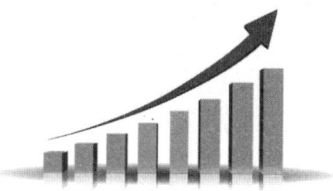